PHILIPPE MURAY

O IMPÉRIO DO BEM

A DITADURA DO POLITICAMENTE CORRETO

TRADUÇÃO: WILIAM ALVES BISERRA

COPYRIGHT © FARO EDITORIAL, 2022
COPYRIGHT © 2010, SOCIÉTÉ D'ÉDITION LES BELLES LETTRES
PHILIPPE MURAY (1945 - 2006)

Todos os direitos reservados.
Nenhuma parte deste livro pode ser reproduzida sob quaisquer meios existentes sem autorização por escrito do editor.

Avis Rara é um selo de Ciências Sociais da Faro Editorial.

Diretor editorial **PEDRO ALMEIDA**
Coordenação editorial **CARLA SACRATO**
Preparação **JOÃO PEDROSO**
Revisão **BARBARA PARENTE E THAIS ENTRIEL**
Imagens de capa **ZENZEN | SHUTTERSTOCK**

Dados Internacionais de Catalogação na Publicação (CIP)
Jéssica de Oliveira Molinari CRB-8/9352

Muray, Philippe, 1945-2006
 O império do bem: A ditadura do politicamente correto /
Philippe Muray; tradução de Wiliam Alves Biserra. — São Paulo:
Faro Editorial, 2022.
 128 p.

 ISBN 978-65-5957-139-0
 Título original: L'empire du Bien

 1. Civilização moderna — Séc. XX 2. Pós-modernismo I. Título
II. Biserra, Wiliam Alves

22-1054   CDD 302.4

Índice para catálogo sistemático:
1. Civilização moderna — Séc. XX

1ª edição brasileira: 2022
Direitos de edição em língua portuguesa, para o Brasil, adquiridos por **FARO EDITORIAL**.

Avenida Andrômeda, 885 — Sala 310
Alphaville — Barueri — SP — Brasil
CEP: 06473-000
www.faroeditorial.com.br

SUMÁRIO

PREFÁCIO   A infância do bem   7

   I. Os deuses tombaram sobre a terra   17

  II. Faniquito *Business*   25

 III. Procurem pelo ídolo   37

 IV. Plumas e Alcatrão   51

  V. Consenso na base da força   57

 VI. Tartufo   67

VII. Cordicópolis   73

VIII. Contrariando o ser   79

 IX. Colorizações   87

  X. Arte Pompier   95

 XI. Os condenados do Éter   105

XII. O crepúsculo do Império   117

PREFÁCIO

A infância do bem

O BEM SEGUE RÁPIDO. O Bem avança. Ele galopa. Surge de todas as partes, se expande, se desenvolve, ganha terreno, recruta, a cada minuto, novos missionários. O Bem cresce aos poucos, cresce aos poucos e proíbe qualquer fuga. É ele que refaz o dia e a noite, o sol e as estrelas. O espaço e o tempo. Desde *O império do Bem,* o Bem imperou. Sete pequenos anos foram suficientes para que ele fluísse, se projetasse e se espalhasse irresistivelmente. Para que trouxesse de arrasto consigo tudo que encontrava pelo caminho. Para que fizesse capotar tudo o que ainda restava de resistência. Para que transbordasse de seu leito, esfolasse barrancos, desse coices como um cavalo do inferno, ou melhor, do paraíso, e se espalhou por toda parte, floresceu, cercou, conquistou e subjugou todos os que podiam, ainda, tentar se opor a ele.

Agora, ele alcançou seu objetivo, ou quase. Ele se perde nas delícias da imensidão da Festa, como um rio naquele mar que lhe foi prometido. E tudo aquilo que arrastou em sua correnteza enlouquecida, ele oferece agora aos redemoinhos sem fim que criou atrás de si, nos quais tudo afunda como testemunha de sua vitória.

Juntos, assim, as forças do Bem e da Festa não conhecem limites. Elas se fundem, a princípio, contra o poder inventado de seus pretensos inimigos, dos quais seus bons apóstolos não cessam de denunciar a virulência mentirosa e as maldades arcaicas. Tanto o Bem quanto a Festa são melindrosos, suscetíveis, irritáveis. Alimentam-se do sentimento de perseguição. O fato de terem emudecido toda a oposição não lhes é suficiente, é preciso fazer um espantalho desta última e sacudir-lhe bem alto. No silêncio geral da lassidão, do embrutecimento ou da aquiescência. Precisam sempre se proteger de ataques fantasmas, de perigos fantoches e de simulacros de adversários.

Em 1991, o Bem não estava, por assim dizer, senão em sua infância. Estava longe de conhecer todo o seu poder. Ensaiava ainda suas forças. Parecia um bebê hesitante, balbuciante, mas uma criança já monstruosa e de boa saúde. Era preocupante, mas podíamos sempre esperar que lhe acometesse uma doença qualquer, um acidente, o fim súbito da papinha, alguma coisa, enfim, que salvasse a humanidade do perigo fatal de seu rápido crescimento, sobre ela pesando sua extensão irresistível.

Em 1991, ainda, o bem parecia frágil, como uma simples hipótese, como uma suposição à qual bastaria torcer o pescoço na hora certa para que os piores seres não tentassem testá-la. Podia-se percebê-lo tímido, emotivo, chorão diante dos risinhos de deboche que suas primeiras manifestações filantrópicas poderiam produzir naqueles espíritos livres que então existiam — já, porém, em um estado de precária sobrevivência. E Cordicópolis, a cidade do pesadelo

A INFÂNCIA DO BEM

em flor, cujas fundações o Bem, sob os aplausos de quase todos, estava se firmando, não possuía, senão, o ar de um esboço de utopia ou de uma antecipação.

O Bem, em 1991, estava ainda nas fraldas, mas esse pequeno Nero da ditadura do Altruísmo havia nascido com a faca e o queijo na mão. Ele começou a levantar sua prisão luminosa sobre a humanidade com o consentimento da própria humanidade. Todos os seus antecedentes, com o nome de "bem público", por exemplo, com tudo que essa noção traz de multidão, de junção indiferenciada, cujo crescimento deve ser favorecido pela polícia, pela justiça e, claro, pelos ungidos da mídia, não desejavam senão florescer, graças a esse mesmo Bem, e se impor a todos os domínios da existência corrente. Não restava ao Bem senão desembocar no grande estuário do amor-eufórico e fazer crer que a vida virtuosa é a vida festiva. O Bem escoou direto nessa direção; desembaraçou-se, apressou-se, precipitou-se torrencialmente. Ele tinha um objetivo: estamos vendo seu sucesso.

De modo geral, a maioria dos temas que eu abordava em 1991 não cessou de se agravar e escurecer, mesmo que apareça em cores cada vez mais agradáveis às populações. Já havia, então, enxames de cordicocratas.* Os cordícolas, cordicólatras, cordicolianos e cordófilos multiplicavam-se. Os cordicólogos, porém, não eram uma legião. E os cordicoclastas, referindo-me aos desmistificadores eventuais da Norma cordícola, mantinham silêncio. Ainda o fazem. Desde 1991, os agentes da transparência, os possessos do homogêneo, os cruzados da abolição de todas as diferenças e os furiosos dos processos retroativos atracaram e desembarcaram com

---

* Termo criado pelo autor. (N. do T.)

um tal frenesi que hoje ninguém ousa questionar o Bem-fundado. A operação "passado-limpo" está quase terminada. A demanda por leis, patologia que eu, então, apenas esboçara, e que posteriormente chamei de "Desejo pelo Penal", não havia ainda encontrado seu melhor ritmo de excitação, ainda não havia se tornado o grito de êxtase e de ressentimento de milhões de formigas humanas às quais os juízes atiçados pelos encorajamentos da matilha midiática oferecem o espetáculo do calvário cotidiano de seus políticos. Essa patologia do penal não era, ainda, o poderoso acelerador da "mudança dos costumes" que se tornaria em seguida. Nem a máquina perfeita para criminalizar, na marra, todos aqueles que não tiveram a possibilidade ou a habilidade de se apresentar em tempo como "vítimas seculares". Não poderíamos, naqueles dias, ter visto, por exemplo, os "comitês brancos" nascidos das "marchas brancas"* de Bruxelas, espalhados em "associações brancas", embelezados com nomes encantadores (as pombas, os anjos, o coelho, a corça) reinventar a vida política exigindo a instalação da "cláusula da pessoa mais vulnerável" e fazer contato com os comitês de desempregados e sem-teto. Em 1991, ainda não havíamos aberto as portas para os malfeitores luminosos do código penal, nem aos esquartejadores do poder judiciário. Em 1991, certamente não havíamos ainda mudado o sentido das palavras até o nível de vermos, sem sinal de surpresa, os piores canalhas consensuais combatendo o consenso, e os potentados do novo conformismo se levantarem indignados contra o conformismo. Em 1991, ainda era possível se espantar com o espetáculo de tantas belas almas que travavam

---

* A marcha branca contra a pedofilia aconteceu nas ruas de Bruxelas em outubro de 1996, em seguida foram criados os comitês referidos pelo autor. (N. do T.)

A INFÂNCIA DO BEM

batalhas por aquilo que todos concordavam (as boas causas) e o faziam com um tal ardor que nós, em outros tempos, certamente os teríamos colocado nos palcos dos teatros mais paradoxais, mais perigosos, mais equivocados e, por isso mesmo, mais interessantes. Em 1991, aqueles que eu viria a chamar de truismocratas, esses homens e mulheres que preenchem com toda a paixão do mundo seu combate contra o amianto, a pedofilia, o tabagismo, a homofobia, a xenofobia — porque eles substituíram a carnificina das grandes guerras de antanho por um dever de ingerência humanitária ao qual eles dão os ares de uma cruzada perpétua —, ainda não patrulhavam tudo cotidianamente, assegurando-se de que nada escapasse de seus feitos grandes e infatigáveis. Em 1991, toda essa beatice de "creolização" generalizada, esse idílio pastoral em forma de arquipélago *new age*, não havia ainda alcançado a totalidade de seu trabalho unificador, mas já o tentavam encarniçadamente. O Positivo, em 1991, não camuflava tudo sem interrupção e sem jamais fazer frente ao Negativo, cujas ressurgências, porém, ele não cessa de denunciar o tempo inteiro, pois essas o mantêm vivo, mas ao mesmo tempo, porém, lhe permitem continuar sua longa batalha das obviedades, sua epopeia do pleonasmo.

Nada do que eu disse foi desmentido. Mas nem tudo ainda havia subido ao palco. Não imaginávamos, em 1991, que se destruiriam cidades para transformá-las em pistas de patinação. E a telefonia móvel ainda não havia sido acolhida com o arrebatamento que conhecemos, por tantos escravos que pedem unicamente por uma dose a mais de servidão. Desde então o império infeccionou. E o fez com grande talento. E a aventura sexual, por exemplo, da qual eu rascunhara o réquiem, porque então a previra conjugável no passado, parece caso encerrado. Ela sucumbiu definitivamente à propaganda indiferenciadora do movimento sexual institucional de massa (hétero ou homo), o qual possui tanta ligação com a sexualidade individual (hétero ou homo) quanto uma costela congelada com uma truta de regato. Sobre este ponto e ao fim de alguns milênios de história humana, imperiosamente culpados por definição, bastou, para fechar em cinco minutos a questão, se convencer de que um excessivo interesse pela diferença sexual era a fonte de todos os crimes e que a hierarquia, geradora das "desigualdades de exclusão", era uma consequência direta da sobredita diferença.

O Bem avançou rápido, se esforçou. Trabalhou bem. Pelo caminho, em sua vazão furiosa, foi até mesmo capaz de esconder o mal. Ele o trouxe, o converteu, o monopolizou. Colocou-o no bolso, literalmente o expropriou, capturou. Até que, por fim, o deu como dote no momento das núpcias triunfais com a Festa. Porque o Bem, no fim das contas, se uniu à Festa; e é a entrada junta, em sobrefusão,[*] desses dois "valores", que representa o fato novo mais extraordinário dos últimos anos. O Bem casou-se. Não há como colocar em melhores termos. E se hoje meu Império parece evocar, às vezes, eventos que poderiam ter se desenrolado um século no futuro, é porque neste meio-tempo o bebê cresceu, engordou, apertado, empurrado por todos os objetivos, ele se desenvolveu, se expandiu, aumentou, inchou, ficou adulto. Ele se emancipou, se libertou. Único herdeiro do mal, por causa da supressão deste (ou de seu disfarce) ele pode, ao mesmo tempo, se declarar fora da lei e recolher suas migalhas úteis. Sequestrou o negativo, que ele execrava porque representava exatamente o poder do desenvolvimento histórico. E

---

[*] Sobrefusão ou super-resfriamento: resfriar um líquido abaixo do seu ponto de congelamento sem que ele se torne sólido. (N. do T.)

A INFÂNCIA DO BEM

para que não aconteça com o Bem aquilo que aconteceu a sociedades anteriores, a saber, que ele apareça um dia como o *status quo* em putrefação, ele teve a ideia (nisso foi menos estúpido, menos ingênuo que seus predecessores de opressão) de injetar em si mesmo um antídoto: um negativo falsificado, postiço. Para nunca arriscar produzir seu duplo negativo (como a burguesia gerou o proletariado, por exemplo). Ele decidiu mantê-lo em cativeiro e copiá-lo, nutri-lo com as mamadeiras das cópias. O Bem macaqueia o Mal cada vez que precisa. Ele alimentou como fogueiras de acampamento as labaredas do combate. E as novas gerações de rebeldes sintéticos, comodistas e afáveis que ele fabricou não correm o risco de se mostrarem um dia os coveiros, os sucessores, muito menos os usurpadores ou demolidores desse exemplar patrão. O Bem trabalhou duro, desdobrou-se. Primeiro, esterilizou todas as menores objeções, todas as subversões, todas as contestações que pudessem ser levantadas. Ou melhor, ele as coopta, as recruta e as coloca em serviço da Festa perpétua; de cujas virtudes seria ímpio, e mesmo perigoso, duvidar (ai de quem sonhasse fazê-lo na escalada de surto delirante e aterrorizante que acaba de marcar cada episódio da Copa do Mundo).* Duvidar de suas virtudes educativas, domesticadoras, polidoras, civilizatórias.

O Bem correu, disparou, voou. Realizou seu desejo, chegou ao seu objetivo. Ele está a um passo de alcançar aquilo que nenhuma instituição, nenhum poder, nenhum terrorismo do passado, nenhuma polícia, nenhum exército, jamais conseguiu: a adesão espontânea de quase todos ao interesse geral, ou seja, o esquecimento entusiasmado, e até mesmo o sacrifício, dos interesses particulares

---

* O autor refere-se à Copa do Mundo da França, de 1998. (N. do T.)

de cada um. Nada na história registrada, exceto talvez a furibunda mobilização de alemães e franceses na guerra de 1914 e, igualmente, o emudecimento repentino daqueles (anarquistas, pacifistas, sociais democratas) que deveriam ter se oposto à demência generalizada poderá nos fornecer uma pequena ideia de uma aprovação tão formidável. No Bem que se tornou Festa, só existe o Bem, só existe a Festa, e todos os outros conteúdos de nossa existência foram aos poucos derretidos ao contato desta chama. O império diz, parafraseando Hegel, que "tudo o que é real é Festivo e tudo o que é Festivo é real".

A transgressão e a rebelião se tornaram rotinas, o não conformismo é assalariado, os anarquismos são podres de ricos. Desse modo, é um fato lógico que tal sociedade reconheça nas massas festivas, desde sempre ligadas à transgressão e à violação ritual das normas da vida tradicional, a apoteose justificadora de sua existência. Só que não há mais regras nem vida tradicional. Ao se expandir a Festa para toda a existência, aquela que era até então desordem efêmera e derrubada das proibições tornou-se a regra, bem como sua polícia. Mas isto não seria um problema nem mesmo para os aspones ou os milicos da nova sociedade hiperfestiva, se todos os meios de comparação com o passado não houvessem igualmente desaparecido.

O amanhã cantado pelas antigas rebeliões eram apenas pálidas promessas nunca cumpridas perto dos trovejantes mugidos de hoje. Desde que não houve mais trabalho, ou de que os trabalhadores deixaram de ser tão necessários quanto outrora ao bem-estar do planeta, a eminente dignidade que derivava do trabalho foi substituída pelo eminente escárnio do homem Festivo. Despojado de toda significação, de qualquer outro fim além de afirmar seu estúpido *orgulho,* eis aí a matilha como se proclama. O que ela deseja? Crescer mais e ter mais orgulho, mais autossatisfação, mais contentamento consigo mesma, como o universo. Nosso mundo foi o primeiro a inventar instrumentos de destruição e de perseguição sonora tão potentes que dispensam golpes físicos para quebrar os vidros ou as portas das casas nas quais se refugiam aqueles que tentam fugir de seu alcance, e que são, pois, os inimigos. Nesse sentido, devo testemunhar meu espanto por não ter então levantado uma palha para, em 1991, ultrajar como se devia o mais condecorado dos festivocratas, Jack Lang,* o qual não se contenta somente com ter-nos imposto esse estupro moralizado a que chamamos *Fête de la Musique,* mas busca ainda engrandecer-se com novos engodos, começando pelo transplante para Paris da *Love Parade* de Berlim. Estou verdadeiramente magoado por não ter feito, então, nenhuma alusão a este proeminente zé-ruela da farsa festiva, esse MC de Festival** sem-vergonha, esse descerebrado das pompas, essa combinação perfeita e hipócrita de mamata do Bem e das perversidades da Festa. Esquecimento corrigido.

Sem dúvida, a grande originalidade desta obra é que ela não sugere nenhuma solução contra tudo aquilo que, sob o aspecto de um desastre sempre mais acelerado, terminou por substituir a sociedade. É um prazer, tenho certeza, verificar que, já em 1991, eu não via nenhuma saída para essa situação. Pode-se também observar, sempre com satisfação, que eu não tinha a mínima vontade de convencer qualquer pessoa que já não tivesse ela mesma se convencido

---

* Jack Lang (1939-), político francês, membro do partido socialista e diversas vezes ministro da Cultura e de Educação nos governos de esquerda, especialmente François Miterrand e Jacques Chirac. (N. do T.)
** O autor refere-se ao carnavalesco desfile e festival de *Corso Fleuri.* (N. do T.)

abundantemente da pertinência de tal visão. Me alegra constatar que não percebo o menor fio de esperança dentro desta noite eletrônica na qual os charlatões são pardos e onde os vendedores de ilusões enxergam uma vida cor-de-rosa com a internet. É um grande azar viver em tempos tão abomináveis, mas é uma desgraça ainda pior não tentar, ao menos uma vez, pela beleza do gesto, esganar esse tempo. Antes de passar do discurso à ação, ou do pensamento ao exame dos seres concretos, em outras palavras, do ensaio ao romance, logo à escuta do que poderia subsistir da existência autônoma dentro das condições de sobrevida dessa cidade planetária que eu batizei de Cordicópolis, mas que seria melhor chamar de Carnavalgrad; aqui termina o Império. Essa é sua estreia. Acabou.

Agosto, 1998.

I

Os deuses tombaram sobre a terra

> *Como nunca houve algo de tão positivo nos negócios, sentimos a necessidade do ideal nos sentimentos. Desse modo, eu vou à bolsa e minha filha se joga nas nuvens.*
>
> BALZAC

EIS-NOS DOENTES DE UM BEM INCURÁVEL. Este milênio está terminando em mel. O gênero humano está de férias. Eu gostaria de tentar pintar nossa aldeia global como um vasto parque de diversões. Um parque do tamanho da França, da Europa, do mundo inteiro. Uma grande feira espontânea, permanente, com setores, longas avenidas, atrações particulares, esquetes, jogos, desfiles, sessões organizadas, crises de amor, de indignação... para explicar nosso fim de século, é preciso, antes de tudo, visitá-lo, deixar-se arrastar por suas correntes, não ter medo da chusma, aplaudir com os lobos, colocar-se uníssono às euforias. É passeando por suas bancas e estandes que podemos esperar compreendê-lo. Não hesitemos, não tenhamos medo! Entremos juntos na dança! Todos os brinquedos estão disponíveis para nós! É a evasão! A vida de marajá! Flórida! *Wonderland*! Califórnia! O mundo é uma usina de prazeres! E com banda! Em plena alegria! E viva a fantasia!

"Como é glorioso abrir uma nova carreira, aparecer de repente no mundo intelectual, um livro de descobertas na mão, como um inesperado cometa faiscando através dos céus!"

Assim exclama Xavier de Maistre nas primeiras páginas de seu *Viagem em Volta do Meu Quarto*. Um cometa inesperado, de repente... mas não se trata aqui de propor descobertas. Um passeio somente, uma simples caminhada através daquilo que vivemos a cada dia, o que acreditamos viver, que amamos ou tememos, já nos ensinará mil vezes mais. Sim, é como se fosse um grande parque de atrações que devemos visitar o espírito de nosso tempo. Com suas vitrines e reflexos, suas celebridades efêmeras de poucos dias, suas ruas falsas, de cidades falsas de todo lugar, seus castelos reconstituídos, suas excitações, suas mesas decoradas de festa, seus enfeites de resina sintética, seus atores anônimos que ficam para cima e para baixo, com as fantasias apropriadas, simulando seus afazeres cotidianos... não há mais nenhum enigma, nenhum mistério. Nem vale a pena se cansar. O Bem é a resposta antecipada a todas as questões que nem nos fazemos mais. As bênçãos chovem, vindas de toda parte. Os deuses caíram sobre a terra. (Ou será que desceram à terra?). Todas as causas são escutadas, não há alternativas possíveis à democracia, ao casal (?), aos direitos do homem, à família, à ternura, à comunicação, aos impostos sociais, à pátria, à solidariedade, à paz. As últimas visões de mundo foram arrancadas dos muros. A dúvida tornou-se uma doença. Os incrédulos preferem se calar. A ironia apequenou-se. A negatividade se retraiu. A própria morte não se coloca assim tão grande, porque ela sabe que perde força debaixo do impiedoso sol da Esperança de Vida triunfante.

Claro, algumas velhas ruínas estão a nossa volta, vagas lembranças de guerras passadas. Será necessário aterrá-las, nivelá-las;

é uma questão de dias, semanas. A psicanálise e o marxismo já estão na roda dos enjeitados, jogados na lixeira, dispensados como desodorantes vulgares que furavam a camada de ozônio, desde que percebemos que estas disciplinas não serviam nem para curar os miopatas, nem para salvar as calotas polares.

E isso é só o começo da grande faxina. Chega de nostalgias mortíferas. Viva a Festa! O torpor na alegria! É uma era vergonhosa, mas seria muito ingrato queixar-se dela. Partículas que somos, fragmentos, devemos tudo à nossa multidão. Aquilo que é, não o é senão na condição de se difundir no maior número, no máximo de exemplares; à hora mais propícia de escuta. Tudo, realmente tudo, eu, você, as coisas. O *prime-time* adoeceu o tempo, suplantou as horas e as estações. Não dá mais para se isolar. Sobreviver, apenas, e já está bom. Subsistir e depois contar.

As cenas perdidas da História não são levadas à ribalta senão para reconfortar, em pseudodebates nos quais se perguntam como tais barbaridades foram possíveis. E a banda toca! Remexe aí! E bum! E zim! E bam! E rebum! Como em *Voyage,*[*] até o fim. — Bim e bum! E bum de novo! Eu te rodo! Eu te levo! Faço uma algazarra contigo! E pronto, estamos enturmados, com as luzes, a algazarra e tudo o mais! Unzinho para a frente só pela manha, pela audácia e pela graça! Pam!

Aqui, suba no trem do Velho Oeste, a partida será por agora! Ou você prefere o zum-zum-zum? As quinquilharias na montanha-russa? O *looping* de vertigens em neon? Três quilômetros, subindo e descendo, a mais de cem por hora. Anime-se, pelo amor de Deus! Grandes aventuras esperam por nós!

---

[*] O autor não deixa claro, mas pode-se supor que ele esteja se referindo à canção technopop *Voyage Voyage* de grande sucesso na França no final dos anos 1980, gravada pela cantora Desireless. (N. do T.)

Fomos libertos! Isso, sim. Chega de preocupações. Nada. A democracia pluralista e a economia de mercado cuidarão de nós. O resto é pré-história. Escute seu corpo! Vamos malhar! Tonificar! Todos os prazeres do mundo estão ao alcance da mão! Hidroginástica. Aventureiro nos bambus. Ataque o templo Inca de papelão. Escale o vulcão de bolinhas. Ponha para correr os malvados escondidos lá dentro. Revele nossos verdadeiros inimigos, os últimos tiranos malvados, lá, bem visíveis, impressos em tamanho grande, preciosos vestígios das causas perdidas, últimos perseguidores atrozes.

Ah, mas como o sistema faz as coisas bem-feitas! Tem para todos os gostos. O Bem, todinho, contra todo o Mal. Sim! Eis a epopeia! Tudo o que tem razão completa contra o que sempre foi errado. A Nova Bondade está de vento em popa contra o sexismo, o racismo, contra as discriminações de todas as formas, contra os maus-tratos aos animais, contra o tráfico de peles e de marfim, contra os responsáveis pela chuva ácida, a xenofobia, a poluição, o massacre das paisagens, o tabagismo, a Antártida, os perigos do colesterol, a AIDS, o câncer e por aí vai. Contra todos os que ameaçam a pátria, o futuro da empresa, a vontade de vencer, a família, a democracia.

Celebrar o luto do Mal é um trabalho no qual não se pode falhar. Ainda mais porque o diabo usa máscaras, ele se esconde em figuras de linguagem para atenuar.* Onde ele está? Em qual buraco escuro se esconde...? Poderíamos crer que estamos em uma luta bizarra sem adversários de verdade, em uma grande afirmação que devemos repetir, reiterar e consolidar sempre e de maneira ainda

---

* Literalmente "Litote": figura de linguagem na qual se atenua algo ao se dizer o oposto, por exemplo: "Ele não é dos mais inteligentes", em vez de "ele é burro"; "ele não é dos mais bonitos", em vez de "ele é feio". (N. do T.)

mais implacável, porque não há nenhum contrário evidente... e é isso mesmo! Avante! Precisamos de emoções fortes. Onde as encontraríamos, senão em nossas cópias, em retrospectiva, em nossas memórias. Fantasmas de culpados para atacar. Vamos! Sangue nos olhos! Vocês não estão com medo, estão? Todo mundo para a roleta! Nesse vagão vermelho-sangue, pés firmes, mãos seguras, o trem do inferno vai partir. Vocês verão todas as cores. A voluptuosidade do horror em estado puro, o frio no estômago, o coração a cento e quarenta. O grande salto no vazio, tudo de cabeça para baixo, nos *loops* de trezentos e sessenta graus, em meio aos gritos de pânico.

Isso dito, não entendam aquilo que eu jamais escreveria. A fórmula mágica de hoje, se quisermos a paz, consiste em declarar, logo de cara, que não temos nada contra ninguém, especialmente contra aqueles que estamos atacando. É a palavra mágica e indispensável: "Esta é uma obra de ficção baseada na livre criação artística e sem compromisso com a realidade." Então vou dizer bem alto: é óbvio que sou **A FAVOR**, totalmente **A FAVOR** de todas as causas justas; e **CONTRA**, totalmente **CONTRA** aquelas injustas. Pronto! Paguei o pedágio, está dito. Não venham me encher o saco, está bem claro. Sou a favor de tudo que pode vir de bom e contra tudo o que existe de mau. Pela transparência, contra a opacidade. Pela verdade, contra o erro. Pela autenticidade, contra a mentira. Pela realidade, contra as ilusões. Pela moral, contra a imoralidade. A favor de que todos possam comer quando sentem fome, para que não haja mais excluídos de nenhuma forma sobre a terra, pelo triunfo da dietética.

Não me venham presumindo coisas.

Apenas me parece instrutivo ponderar sobre o destino do mal, especialmente no meio desse dilúvio de bondade que agora nos

O IMPÉRIO DO BEM

afoga; por isso vamos tentar fazê-lo. Sua evolução, seu futuro...
Onde ele se camufla? Em qual fresta se esconde? Quem lhe sustenta os postulados? Quem sopra os ventos do escândalo? Onde crepi-
tam os prazeres do inferno? Qual cão late os verdadeiros horrores?
Por toda parte não vejo nada além de polidez, discrição, modos dis-
tintos, adulações, puxa-saquismo, salamaleques e camuflagem...
mangueiras e mangueiras de água benta... para não se complicarem,
filósofos na Itália chegaram até a criar uma nova ideologia, sem perigo, um novo aríete conceitual, feito de pedaços de Nietzsche ou
Heidegger, diluídos até níveis homeopáticos: "o pensamento fraco",
chama-se.* O "fraquismo". É comovente. Enfim uma visão de mundo antialérgica e sem corantes. Não é uma ideia que ultrapasse uma
outra. Na França mesmo, o atual presidente,** para se elevar às al-
turas onde ora o vemos, teve de raspar, limar os dentes, pois ninguém queria que ele desfilasse seus caninos de vampiro.

Todos os antagonismos vazios de substância são ressuscitados
para os desfiles. Os certificados de bom-mocismo são como as
meias, a moda agora é andar mostrando. Até os racistas, hoje, se
vendem como antirracistas, iguais a todo mundo. Ficam o tempo
todo jogando nos outros suas obsessões nojentas: "— É você! — Não!
É você!! — Eu? Nunca! Você que é!" Não dá mais para saber quem
é quem. O público está lá. Quer ver socos, escutar gritos, quer um
evento. O tédio espreita, invade tudo, as depressões se multiplicam,
a qualidade do show cai, as taxas de suicídio sobem como foguetes,
a higiene crédula escorre das paredes, é a invasão do fingimento,
da afetação, é a festa de gala do Show do Coração.

---

* Referência ao filósofo italiano Gianni Vattimo e sua obra *"il pensiero debole"*, na
qual este apresenta o sobredito conceito/título. (N. do T.)
** François Mitterrand. (Nota do editor francês.)

Bernard Mandeville já havia percebido, em sua *A Fábula das Abelhas*, ainda no século XVIII, que são os piores canalhas que contribuem para o bem comum:

"Uma das principais razões que fazem com que tão pouca gente se compreenda é que a maior parte dos escritores passam seu tempo explicando aos homens como eles deveriam ser, e não se dão ao trabalho de dizer-lhes como eles de fato são."

É compreensível. Se fizessem o contrário, infelizes, não sairiam nunca mais das prisões.

II

Faniquito *Business*

VIVEMOS NA ERA DO AÇÚCAR SEM AÇÚCAR, da guerra sem guerra, do chá sem chá, dos debates em que sempre concordamos, tudo para que o amanhã seja melhor que ontem, e dos processos em que é preciso levantar os mortos das tumbas, os verdadeiros culpados, julgados desde sempre, para haver uma chance de não se cometer nenhum engano.

Se a época parece difícil de se compreender, é porque ela eliminou o real, sem parar de insistir em querer nos fazer acreditar em sua realidade de máquina de xerox. Continuando assim, não vai sobrar grande coisa. Tudo vai ser hipocalórico, a vida, a morte, os supostos ideais, os livros, os conflitos "limpinhos" do golfe, a arte, as pseudopaixões, a pretensa informação, as transmissões.

Decretamos o "dia sem cigarro". Por que não o ano sem mulheres? Mulheres sem colesterol? As ideologias sem gorduras saturadas?

O que irá satisfazer nossa necessidade de negativo, agora que o negativo foi decretado fora da lei, senão os perigos do passado? Somos, pois, tão frágeis, tão privados de imunidade que só nos oferecemos inimigos falecidos? Eis o revés de nosso bem-estar. Só podemos encarar eventos arquivados, eivados de comentários, retransmitidos cinco vezes por ano, mais petrificados que os calçamentos dos centros de nossas cidades. Só serão aceitas surpresas organizadas. Até nossos ódios, solidamente justificados, dão a impressão de terem sido encontrados em reservas ambientais, em áreas de proteção para a fauna e a flora ameaçadas.

O imprevisível não chegará, nem que a vaca tussa. O espontâneo chega no vazio. Todos os cigarros são *mild*, cerveja, sem álcool, e churrascaria, *light*. Toda virulência deve ser apagada. A história não está acelerada, como se pensa, ela galopa, cada vez mais afobada, em um *déjà-vu* dos mais domesticados. O já-pensado mais sonâmbulo. Somos tão frágeis que nos cuidamos muito, muito bem e nos poupamos verdadeiros perigos. Um fato bruto, caindo verdadeiramente do céu, nos deixaria atônitos. Os mínimos eventos são tão bem telefonados, às vezes com anos de antecedência, que eles quase ganham uma comemoração quando ousam, enfim, se realizar. Pela graça antecipatória das pesquisas, uma eleição presidencial não passa de uma esquete tosca e requentada. Uma piada gasta. O bicentenário[*] em 1989, tinha todo o jeito de retransmissão. As luzes de Natal intoleráveis começam três meses mais cedo a cada ano. O bolo rei[**] é servido em cima dos ovos de Páscoa. As coleções de inverno se arrastam até a liquidação do ano seguinte. Esse princípio de antecipação alcança até os plagiários

---

[*] Da Revolução Francesa. (N. do T.)
[**] Bolo em forma de coroa servido tradicionalmente no Natal e na Festa de Reis. (N. do T.)

profissionais, os quais mal podem esperar que um livro seja lançado para que o espremam até a última gota, lançando uma versão requentada. O ano 2000 já está se decompondo. A água da fonte da Era de Aquário está podre. Tudo murcha antes de florescer plenamente, se engelha, descolore. Os perigos de primeiro grau se apagam sob as felicidades do mercado definitivamente planificado. O Bem é a velhice do mundo, a terceira idade interminável do planeta.

O eclipse do princípio maligno, da parte maldita e do negativo é o grande enigma de nosso tempo. O que existe sob essa camada de esmalte, esse verniz de pureza, esses eufemismos açucarados, esse papel de açúcar feito com xarope de inocência? O que há embaixo dessa argamassa para reboco sem fosfato?

Não é fácil responder. O Bem substitui muito proveitosamente o Mal, sempre na condição de que se diga, é preciso dizer, que o Mal nunca foi tão ameaçador, tão insuportável, paralisante; e que isso seja filmado, sentido, refilmado, televisionado e depois transmitido outra vez. A **crença** de todos na realidade do Mal é a condição de sobrevivência para nossa civilização da caridade de vitrine de butique. Filantropia é uma figura de linguagem, Caridade, um maneirismo de estilo. O importante é que se acredite nelas. Ter a fé que salvará o Espetáculo (enquanto isso existir, não vejo motivo para renunciar a esse conceito de Guy Debord). E que isso seja dito alto, bem alto. E repetir sempre que seja necessário que vocês adorem aquilo que deve ser adorado, que condenem o que deve ser condenado, o racismo estrutural, os regionalismos terroristas, o integrismo islâmico, os populismos, o conservadorismo pequeno-burguês,[*] o tráfico de marfim ou de peles,

---

[*] O termo originalmente utilizado por Murray é *Pujadisme*, um movimento político francês do pós-guerra, cujo nome é comumente usado pelas esquerdas como sinônimo de conservador e pequeno-burguês. (N. do T.)

O IMPÉRIO DO BEM

o patrocínio do Rali Dakar e o renascimento do nacionalismo nos países da Europa oriental recém-saídos da União Soviética. *Dilige et quod vis fac*, dizia santo Agostinho: "ama e faz o que quiseres..." hoje em dia nós diríamos: "finge que ama e faz teu *business*."

O Bem sempre precisou do Mal, hoje, porém, mais do que nunca. O falso Bem precisa de espantalhos, não para liquidá-los de cara, mas para anular, por meio deles, aquilo que no mundo poderia ainda restar de irregularidades inquietantes, de exceções, de bizarrices insuportáveis, enfim, os verdadeiros perigos que nos ameaçam, ainda que desses ninguém fale.

O que importa, para pegar um exemplo, o controle e o cadastramento de todos os cidadãos? Afinal, estamos lutando contra a AIDS, se a vitória custa apenas isso, é um preço muito pequeno a se pagar, não é mesmo? Georges Bernanos, no fim da vida, lembrava-se de uma época em que a bela invenção da polícia de colher as digitais de todas as pessoas estava surgindo. Isso indignava os cidadãos de bem. Dizia-se-lhes que: "Esse preconceito contra a ciência era um obstáculo a essa admirável reforma dos métodos de identificação"... e também que "Não se deve sacrificar o progresso por causa do medo ridículo de sujar os dedos". Novamente em 1947, Bernanos lembrava que, durante a sua juventude, "a formalidade do passaporte parecia abolida, para sempre"; que nós poderíamos dar a volta ao mundo com um simples cartão de visitas no bolso... posteriormente as paredes foram se fechando, no começo bem devagar, depois cada vez mais rápido... aquilo que se fabricou após 1945, logo em série, foi "uma humanidade cada vez mais dócil, na medida em que a organização econômica, as concorrências e a guerra exigiam uma regulamentação mais minuciosa".

"Aquilo que seus ancestrais chamavam de liberdade, vocês chamam de bagunça, de fantasia." Ele se admirava.

O que ele diria hoje?

Fui ingênuo por muito tempo. Eu achava que as boas causas eram autoevidentes. Que tudo aquilo que era interessante discutir começava exatamente onde terminava o que era autoevidente. Eu estava errado, é claro. Não é porque estamos de acordo que todos condenamos a morte, o câncer, o apartheid, as queimadas ilegais, não é porque preferimos a tolerância, o cosmopolitismo, as trocas entre povos e culturas, sofremos todos pela Etiópia, pelos novos pobres, pelos famélicos do Sahel, que essas sejam razões suficientes para não dizermos isso mil vezes por dia.

Mas também não se deve fazer isso de qualquer jeito. Não basta ser altruísta e imaculado, é preciso parecer que se descobriu, a toda hora, o fogo, a roda da beneficência. Pensar "certo" é um tipo de ciência. Pensar "certo" é pensar bem, mas com muita virulência aparente, por favor, para que a audiência, ou o leitor tenha a impressão de que você pensa sozinho e, sobretudo, perigosamente, contra inimigos terríveis, com uma coragem inigualável.

É sempre divertido ver os trejeitos e meneios de quem finge ter devotado a própria vida à filantropia magnânima. Deve ser bastante agradável só entrar em campo com partida ganha, batalhas já vencidas antes de se iniciar. É tranquilizador retornar a questões já resolvidas. É mamão com açúcar, de certo modo, cobrir os mortos de ofensas. Quanto mais o mundo se mostra complexo, de tramas inextricáveis, perdido em suas próprias ilusões de ótica, mais nos aferramos a uma época em que havia um Bem e um Mal muito evidentes, pão, pão, queijo, queijo, luz verdadeira e noite verdadeira.

Revirar as latas de lixo da história irá lhe trazer as surpresas que você deseja. A telefátua* decretada contra Heidegger, alguns anos atrás, foi a ocasião de um espetáculo interessante. Heidegger nazista, ahá! Temos um furo! É glorioso trazer à mesa essa carcaça alemã com as carnes já devoradas pelos milhões de vermes do tempo. Nazismo e Heidegger, para a surpresa de ninguém! É heroico! Que façanha revelar um segredo de polichinelo! Será que haverá alguma coisa sobre Saddam? Ceaucescu? Pol Pot? Não devemos confiar. Para os destiladores do bom pensamento garantido é preciso malvados do mesmo material que sua própria virtude de meia tigela.

Se os mais autênticos criminosos se tornam ficção em nossas telas, é porque o terrorismo do Bem, inseparável da civilização das massas (às quais faz tempo não querem que vejam senão os binarismos de sim-não, bom-mau, preto-branco) se alimenta apenas de inimigos simples e feitos sob medida, contrapontos bem definidos, bem enquadrados para o contraste, e graças aos quais a dominação exemplar do Bem será melhor assegurada.

O argumento *ad hitlerum* e a hitlerização do adversário tornam--se um ato reflexo. Ocasionalmente, nos últimos dias, Khomeini, Brejnev, Kadhafi, Jaruzelski e outros, viram-se eleitos o Hitler do ano pela maioria dos votos, sob o risco de enfraquecer na memória a especificidade definitiva da abominação hitlerista. O "quarto exército do mundo" iraquiano foi inflado grandemente, como a *Securitate* romena, um ano antes.** É preciso nos reinocular sempre a fé na realidade real da nova realidade.

---

* Fátua é o pronunciamento legal no Islã feito por uma autoridade legítima. Telefátua é um neologismo criado pelo autor indicando o "cancelamento" midiático. (N. do T.)
** O efetivo da polícia política romena, em níveis relativos à população do país, era o mais numeroso dentre todos os países comunistas. (Nota do editor francês.)

FANIQUITO *BUSINESS*

Vivemos em uma atmosfera de religiosidade encarniçada, não se trata da velha religião, fique claro, o ateísmo não para de crescer, a indiferença se espalha, as crenças definidas de antes (aquelas que, por serem realmente loucas, justificavam a loucura religiosa) mais ou menos sumiram. Nossa religião de nós mesmos é ainda mais delirante. Ter fé, hoje, significa ter fé no espetáculo.

Todas as nossas guerras se desenrolam depois da batalha (a verdadeira, a última, aquela que realmente opôs o Bem contra o Mal entre 1939 e 1945). Fomos levados, durante o criptoconflito do Golfo, à contemplação do horror puro como crianças trepadas em cima do trenzinho maluco acompanhando o ataque dos piratas do Caribe mostrados na telona. O próprio Saddam Hussein, no começo, cumprindo seu papel, mostrou que entendeu o quanto gostamos de nos sentir assustados e quais tipos de imagens nos aterrorizam. Todo mundo o descrevia como um mestre das mídias, um superte-lemaquiavel. Muito incompleto, na minha opinião. Ele simplesmente conhecia muito bem nossa cultura filantrópica. Basta se lembrar de suas mãos de açougueiro afagando os cabelos loiros do inglesinho.* (Ele ainda usou essa mesma carta outra vez quando fingiu, durante a guerra, que uma de suas usinas bombardeadas era uma fábrica de leite para bebês.) Antológico! Que trecho para se estudar, nas cinematecas de amanhã, quando tudo estiver bem mortinho.

---

* No dia 9 de agosto de 1990, o Iraque fechou suas fronteiras e reteve aproximadamente 10 mil cidadãos ocidentais que tentavam sair do país. No dia 18 de agosto, Saddam anuncia que os cidadãos de "países hostis" seriam "convidados" a permanecer no Iraque e seriam "hospedados" em lugares estratégicos, tornando-se, assim, escudos humanos para o regime. No dia 23 de agosto, para mostrar que seus "convidados" eram bem tratados, Saddam Hussein apareceu na televisão na companhia de "hóspedes" britânicos. Na ocasião, ele familiarmente fez festa no cabelo de um garotinho aterrorizado. (Nota do editor francês.)

É inútil, pois, se espantar com o comportamento do público, desde o começo das hostilidades. Se os telespectadores, ao mais leve sinal, se acotovelavam nos supermercados para estocar açúcar, como se gostassem da ocupação, foi, sobretudo, uma homenagem à referência 1939-45 onipresente no discurso (Saddam-Hitler, "morrer por Dantzig", "Linha Maginot" iraquiana no Kuwait etc.). No Sul, parece que compraram muito mais armas (não sabemos muito bem contra quem ou o que elas seriam usadas). Enfim, nós participamos. Provamos que acreditamos. Tivemos medo quando foi necessário, ficamos em casa por medo dos atentados, paramos de andar de avião, quase paramos de consumir. Um monte de empresas ridículas, agências de viagens, imobiliárias, lojas de roupas ameaçaram falir.

As ruas de Paris se esvaziavam com hora marcada, assim que caía a noite, uma beleza, só encontrávamos os descrentes transitando.

"O debate religioso, já dizia Valéry, não é mais entre religiões, mas entre aqueles que pensam acreditar em qualquer tipo de valor e os outros."

Ah! A devoção dos filantropos! Hoje em dia, como sabemos, são os cantores, atores, jogadores de futebol e esportistas em geral, o povo "criativo" da publicidade, os mestres dessa apologética espetaculosa. Matraqueiam seu entusiasmo em um fôlego só; com energia, se engajam com um tal fervor contra as drogas, a miopatia, as inundações, a fome no mundo, os direitos humanos, a salvação dos curdos, em tom tão convincente, com tamanha emoção que quase temos a impressão, por um segundo, de vê-los avançar, corajosamente, por tantas brechas inexploradas, que eles teriam descoberto todas essas coisas sozinhos. Que espetáculo! Ah, *Business* do *frisson* e do fricote, vertiginoso! Oh, aventureiros do Bem perdido! Oh, SOS, portas abertas! Não aguento! É demais! Piedade!

É claro que tudo não passa de um blefe cínico. Puro efeito discursivo outra vez, isca de caridade cafajeste, deturpação da benevolência. Carros alegóricos de plástico, lança-mísseis em resina de vidro, aviões de cartonado, todas essas coisas infláveis nas quais os americanos foram convidados a se exercitar no deserto do Iraque (mas no que mais poderiam se exercitar, quando só restam iscas?). Quando este livro for publicado, quem ainda se lembrará dos curdos? Quem hoje lembra de Beirute? De Bucareste e sua "revolução traída"? Quem se lembra das imprecações, nos anos 1970, contra o destino dos prisioneiros de direito comum? A indignação unânime contra todo o universo prisional? O grande encarceramento? As prisões de segurança máxima? Tudo desapareceu num instante, como os prédios implodidos em detonações programadas, sem que ninguém ao redor seja tocado pelos escombros. E os loucos? Os maravilhosos "esquizos", a vanguarda de nem vinte anos atrás? Na lata de lixo também. É a lei implacável da máquina, a rotação das coleções. O efêmero é rei. Os bons sentimentos seguem os caprichos das modas. Como todo o resto, são "roupa", como tudo o mais. A Caridade tem um charme chique, caimento longo, você pode usar estilo folhagem morta, *look* sem manchas, *Cláudia* ou *Caras,*[*] descontraído e bom para passeios urbanos, tecido de crepe de seda lavada, sem faltar um blazerzinho combinando com a calça pescador folgada. As vítimas são descartáveis; como os isqueiros, fazemos com elas o *tour* das mídias que interessam e pronto, acabou. Curdos, delinquentes, libaneses, tanto faz, uma voltinha por aqui, outra acolá e: "Próximo!"

---

[*] O autor *utiliza Clin d'oeil,* conhecida revista de moda e comportamento voltada ao público feminino. (N. do T.)

O mais divertido, porém, o mais saboroso, talvez, seja quando esses campeões das Boas Causas se reúnem em um palco, para debater, para discutir suas convergências, encontrar nuances, variantes, chafurdando na mais asquerosa cumplicidade, inventando dissonâncias. Observe-os, escute-os, chegaram, estão todos aqui, são da mesma família, são uma espécie de São Vicente de Paulo da grande bandidagem caritativa. Para que citar nomes? Programas? Shows especiais? É o seu coletivo que é grandioso. Essa *Charity connection* inteira é que possui *glamour*. Se quisessem que os diferenciassem, seria preciso que mudassem o disco. No sul da Itália, na Sexta-feira da Paixão, certos mafiosos notórios costumam interpretar muito bem o papel do próprio Jesus... o que se faz na ribalta deste fim de século senão isso? Não existe máfia sem família, nem sem a idealização dessa família (os perigos rondam, os traidores jorram pelas paredes, só a família não mente) e a sua câmara de eco, onde nos refestelamos, a qual possui no jornalismo um dos sintomas de seu triunfo, em todos os domínios imagináveis, a vitória do espírito mafioso com sua quintessência (proteção, clientelismo furibundo, culto grotesco da honra, vendeta, lei do silêncio). O banco mundial dos direitos humanos e seu formidável organismo de lavagem de dinheiro. Uma única declaração filantrópica vos abrirá os paraísos fiscais mais vastos, mil vezes mais seguros que as Ilhas Cayman ou o Panamá.

Sinceramente, são artistas de talento quando se contestam, se confrontam, fingem discutir dando dedo na cara sem jamais se cansar. Oh, *assédio do Bem* que não será jamais punido por lei nenhuma! O *Bem* invadiu tudo mesmo. Um *Bem* especial, claro, e isso complica as coisas. Uma máscara de Virtude, ou melhor, o que resta da Virtude quando a virulência do Vício cessou de parasitá-la.

Esse Bem requentado, esse Bem *revival* está para o "ser infinitamente bom" da teologia, como um bairro restaurado para aqueles de outrora, construídos lentamente, unidos pacientemente ao gosto de séculos de acasos; ou a porcaria dos "espaços arborizados" em face das boas árvores normais, colocadas naturalmente, sem nada pedir a ninguém; ou, se preferirem, como a lista dos mais vendidos defronte à história da literatura.

Muito mais uma nostalgia do Bem do que um Bem real impossível. Pronto. Um prêmio de consolação. Um bem de consolação, em suma.

Ninguém aguentava mais as barbáries, os horrores! Todo mundo para a cama! Internação, tubos, químio, remédios, visitas, televisão no quarto. Silêncio, estamos em tratamento! Hospital e caridade estão juntos, de mãos dadas, preocupadíssimos com nosso futuro. Anestesia geral. Cura do sono. Calmantes. Caminha.

III

Procurem pelo ídolo

TUDO ISSO SE PAGA PESADAMENTE com muito mau gosto, mas sobretudo com leis, novas leis o tempo todo, leis para tudo, leis inéditas quase todo dia, para o nosso conforto, para a nossa felicidade, nada de ilógico. E quem reclamaria? Queremos estas leis de antemão, estamos sempre pedindo mais. Todo dia a mesma súplica, o mesmo choro quotidiano, os mesmos soluços: "Leis, Leis! Mais! Leis novas! Decretos para tudo! Leis de moldura! Uma nova legislação! Punição! Castigos!"

O mundo muda, os costumes evoluem, é preciso responder tim-tim por tim-tim.

Queremos barreiras jurídicas, limites e penas! Não temos ideia de onde vamos parar! A paz da humanidade tem seu preço!

Meu reino por um decreto!

Seria vão incriminar o espetáculo e não colocar os espectadores na mesma berlinda. A mais bela jovem do mundo não nos retorna senão as carícias com as quais a cobrimos. O espetáculo não pode oferecer senão o que encontra naqueles que o desejam. E o consenso, ao fim e ao cabo, não é nada mais do que outro nome para "servidão". Ele muda de acordo com as épocas, já se chamou patriotismo, igreja, sacralização da família, da ordem, da propriedade. Cada século traz uma decoração. Protege com seus arames farpados, se enfeza contra os ofensores. A melhor maneira, talvez a única, de se focalizar os objetos de culto de um momento da civilização é bem conhecer as leis encarregadas de arrebanhar o comum dos fiéis e igualmente punir os hereges.

Céline, por exemplo, em sua época, manifesta uma lucidez admirável quando mostra seu protagonista em viagem salvando-se de um linchamento *in extremis* por meio de proclamações patrióticas:

"Eu, cujo sangue se mistura com o vosso ao longo de batalhas inesquecíveis! (...) Viva a França, em nome de Deus! Viva a França!"

Quando o perigo passa, ele conclui:

"Não existe jeito ruim de se livrar de um esfolamento, nem se deve perder tempo buscando as razões da perseguição que nos assola. Escapar basta ao sábio."

Fico na expectativa do romancista contemporâneo que mostrará um personagem, hoje, desarmando o ódio de seus inimigos ao balançar a *declaração dos direitos do homem*, sua carteira de motorista, seu carnê de impostos.

Vimos, fevereiro passado, no deserto do Kuwait, soldados iraquianos se rendendo com uma bandeira branca na mão e o Corão na outra.

Um soldado ocidental, hoje, se renderia com o quê? O que ele mostraria de consensual, logo de "religioso"? Seu CPF? Uma fita VHS? Seu mapa astral? Um *cheeseburger*? Tudo isso junto?

O interessante é que o linchamento, hoje, usa máscaras progressistas. Expulsos pela porta, os velhos reflexos de ódio e de exclusão voltam pela janela para serem exercidos contra bodes expiatórios cada vez mais incontestáveis. Os países onde a caça às bruxas vai a plenos pulmões se multiplicam (ao Norte, para começar, naturalmente, com os protestantes), mas ninguém fala dessa maneira porque é como o justo em vista do Bem. Contra os últimos tabus ainda em vigor... o que seria mais simpático, por exemplo, nada de mais incontestável, na verdade, do que a luta contra o incesto? Na Holanda, em certos centros especializados, menores de idade perturbados brincam com bonecos especiais equipados de atributos sexuais agressivos: vaginas bem abertas, cabeludas, paus em ereção. A partir do comportamento das crianças, afirma-se que diminuíram os casos de abuso... algumas vozes tímidas se elevam para contestar o método, pôr em dúvida sua eficácia, denunciar sua falta de rigor científico, sugerir que ele poderia (oh!) ter algum efeito perverso... que o Bem, em suma, e fatalmente, será sempre o pior inimigo do bem... Mas quem ousaria parar a máquina de exorcismos, agora que ela foi ligada?

Sim, ainda não temos a licença para desfilar nossos exércitos da Virtude, como os *muttawas* na Arábia Saudita, essa "polícia religiosa" de estado que patrulha as ruas em viaturas avantajadas com tração nas quatro rodas para que se respeitem as leis corânicas, vigiam o fechamento de lojas na hora da oração e enquadram as mulheres que deixam nua certa parte da pele. Mas teremos, teremos, talvez, basta esperar um pouco mais.

"Em um planeta 'elétrico', condicionado pelo ambiente das informações, a caça ao homem com suas inumeráveis formas de espionagem, tornou-se um drama universal", constatou McLuhan, já tem algum tempo. Ao menos uma vez, ele tinha razão.

O linchamento acompanha o Consenso como a sombra acompanha o homem.

Em nome do interesse geral, tudo é suspeito e deve ser denunciado. A exigência da "verdade", a transparência divinizada, a *glasnost* aplicada à televida cotidiana; eis os truques mirabolantes dos Virtuosos de profissão em pleno tremular, em plena flutuação de Benevolência. "Farisaísmo", diríamos em dias um pouco mais cultos... O que era um "fariseu"? Alguém que estava convencido de estar ele mesmo em estado de graça, logo justificado para intervir na vida alheia com ferro e fogo. As mídias deram ao farisaísmo um rejuvenescimento providencial. Atenção! A tela revela os homens! A imagem não mente jamais! Não é como as palavras! Cada transmissão é uma prova de verdade. "Meu coração desnudado"* todas as noites! O dever da verdade! O dever da transparência de pensamento. O dever de fingir que não se está mentindo.

Como se eu devesse alguma coisa a essa sociedade do Paraguai, falsificada, da 25 de Março! A quem amamos, talvez seja devido, porém, se os amamos, precisamente, é porque eles pensam que não lhes devemos nada assim.

Toda a vida se resume hoje ao que resta de aparência, e esta exigência encaniçada de "verdade", não é, senão, uma maquiagem a mais, uma figura de linguagem, um recurso de estilo, uma simples maneira de falar. A "verdade" que anunciam sob os holofotes será, logo, tão útil quanto os medicamentos vencidos, os tabletes de peróxido de manteiga lançados pelas instituições de caridade nos países em calamidade. Querem que você acredite e basta. A verdadeira verdade não é para você.

---

* Referência à obra homônima de Charles Baudelaire. (N. do T.)

PROCUREM PELO ÍDOLO

"Nunca se viu um egoísmo tão às claras, mas o bem público, a liberdade, a própria virtude estavam em todas as bocas." Constatava madame de Ménerville na atmosfera de 1789.

Estamos exatamente lá.

Manter no segredo de si mesmo a possibilidade da mentira seria deixar uma brecha, minúscula que seja, ao prazer. Sade já disse antes de mim: "A dissimulação e a hipocrisia são necessidades que a sociedade nos deu, cedamos." Ou pior: "Não houve um só projeto de crime, filho de qualquer paixão que seja, que não tenha feito circular nas minhas veias o fogo sutil da lubricidade: a mentira, a impiedade, a calúnia, a trapaça, a dureza da alma e a gula produziram em mim esses efeitos."

Em nossa marcha acelerada para a inocência, o erotismo, a verdade crua do "crime" sexual devem ser as primeiras a serem exterminadas. Podemos ver ministros americanos ou australianos debulhando-se em lágrimas na televisão porque traíram suas esposas, mas que, no fim, foram prometidos, jurados, beijados, não irão fazer de novo. Uma associação britânica cogita a possibilidade de criar para os discos um sistema semelhante ao do cinema e por meio do qual os compradores poderão se prevenir de qualquer conteúdo "sexualmente implícito" nas canções. Há poucos anos uma jovem atriz foi constrangida a desmentir, em rede nacional, diante do tribunal midiático do povo, que tinha AIDS.[*] Hoje, um ator francês é vítima de uma brutal campanha de difamação nos EUA, ele é acusado de ter participado de um estupro nove anos atrás.[**] Hein?

---

[*] Isabelle Adjani, em 1986. (Nota do editor francês.)
[**] Essa acusação visava Gérard Depardieu, naquele momento – início de 1991 – competindo pelo Oscar de melhor ator por *Cyrano de Bergerac*. (Nota do editor francês.)

Nove anos? Eu li direito, nove anos? Sim, sim, isso não consegue de jeito nenhum mover um único músculo na face de seus detratores, eles estão ocupados demais em se indignar, eles chafurdam, boicotam, latem, o escândalo cresce, as retificações se sucedem. Por fim, o ator em questão não teria participado, mas somente assistido... assistir, em inglês, quer dizer participar... não? Sim, sim! E por aí vai.

Poderíamos continuar o *clipping* de notícias por horas. Estas anedotas são insignificantes, eu admito, mas tornou-se necessário anotar de imediato tudo que se diz ou se mostra, porque essas coisas, no mais das vezes ridículas desde seu surgimento, tornam-se em uma semana incompreensíveis, logo sua análise torna-se inconcebível. "Se não alarmasse a sociedade onde somos denunciados como homens perigosos, eu teria escrito a cada noite, tudo aquilo que se dizia e se fazia", lamentou-se um dia o príncipe de Ligne.[*]

Mas o que teríamos a temer, nós, dos alarmes de uma sociedade que é, ao mesmo tempo, segura de seu poder e para quem quase tudo representa um perigo apavorante, ainda que seja nosso eventual silêncio?

A transexualidade de massa cessou de ser uma utopia para se tornar nossa realidade de substituição. "Eu adoro", disse uma jovem "intelectuala"[**] em um arroubo pleno de poesia consoladora, "ver as fronteiras do sexo transgredidas pelo ser andrógino que se recusa a ser mutilado"... uhuu! Que beleza de suspiro! De um lado "fronteiras", "mutilado", noções antipáticas; do outro "transgressão", um conceito tanto melhor quanto mais hoje se tornou

---

[*] Importante título da nobreza belga cujo atual ocupante, Michel de Ligne, casou-se no Rio de Janeiro, em 1981, com Eleonora Maria Josefa de Orléans e Bragança, da casa imperial brasileira. (N. do T.)
[**] No original "écrivaine". (N. do T.)

PROCUREM PELO ÍDOLO

inofensivo. O ponto culminante, a celebração do "ser andrógino", herói ideal, o justo, da nova *intelligentsia*, dos bem-pensantes.

Ver diferenças sexuais, nos dias de hoje, é um atestado de burrice, dá exílio, prova que a pessoa não sabe pensar ou pensa de qualquer jeito. O sexo, neste momento em que escrevo, salvo divina surpresa de último minuto, é um conceito ultrapassado, conjuga-se no passado, minúsculo ponto e vírgula de espuma na linha do horizonte da história humana. Nos antigos manuais de confessores, a "deleitação morosa" consistia em retardar (*morositas*) a representação mental ou verbal de um ato sexual passado. Eis tudo para nós. Todas as nossas volúpias ficaram para trás. Seria preciso inventar uma arqueologia do prazer: a vida sexual como arquivos.

Há alguns anos a piada involuntária da mídia lavou a égua com a *"new chastity"*, um pálido começo, o anúncio de que entrávamos em uma nova era, aquela do Falo no látex. O mito retrospectivo da orgia, colocado e unanimemente aceito (qualquer pessoa sensata transou nos anos 1970, hoje ninguém sensato transa mais), a contrição daí derivada. *Mea culpa* geral. Todo mundo com o rabinho entre as pernas, é preciso dizer. A coisa chega à política também, não há mais nenhuma alternativa apresentável à democracia e à economia de mercado, mesmo na relação entre os sexos existe o sentimento de que não existe mais alternativa ao casal, oficial ou não, homo, hétero, tanto faz, mas casal. Família, na intimidade de cada um a AIDS poderia ter o papel da queda de um muro de Berlim na política. Seja no individual, seja no coletivo, não há mais escolha. É o fim, fecham-se as cortinas. Este mundo está cheio de reunificações menos comentadas, mais discretas que aquela da RFA-RDA, mas igualmente cheias de promessas de futuro.

"Eu me pergunto", diz um personagem de *Os demônios*, "a quem devemos agradecer por ter trabalhado tão bem os espíritos que ninguém mais tem uma única ideia própria".

Nós poderíamos saber, muito bem, mas preferimos não procurar além da conta.

É a queda tanto da diferença sexual como das velhas relações bloqueadas entre as partes ocidental e oriental: o desaparecimento leva à precipitação alucinada para os últimos polos, as últimas tábuas de salvação tranquilizadoras: o Bem comum, os princípios morais, a Virtude. Mas quem fala de Bem, fala também de leis que o protejam. Querer o bem é, portanto e sobretudo, querer o Estado que o garantirá.

Estamos em uma situação que lembra, mil vezes pior, cem mil vezes mais assustadora, o século XVII, no qual, ter uma opinião própria, ser um indivíduo, aparecer como um indivíduo (não um indivíduo falso, "singularizado" de meia tigela, pela roupa padrão, pelo carro, pelo *look*, os *hobbies* etc.) constituía a própria definição de heresia. A liberdade de pensamento sempre foi um tipo de doença, pois estamos curados. Não aceitar imediatamente o catecismo coletivo é um sinal de loucura. Jamais a manada que assiste ao desfile de imagens foi tão sensível aos menores desvios que poderiam ser vistos como prejudiciais. Jamais o bem foi antecipadamente sinônimo de ponto absoluto em comum.

É indispensável seguir as pistas daqueles ou daquelas que, a certo ponto, neste ou naquele momento, pedem novas medidas destinadas a reforçar as velhas torturas sociais, se quisermos entender a devoção particular deste fim de século. De vez em quando, no trem-bala da Repressão, sobem novos passageiros, é preciso ter atenção. As feministas, por exemplo, se aproveitaram recentemente da emoção levantada pelas sinistras declarações antissemitas de um não sei qual velho cineasta, para lembrar que elas tinham, no fundo da gaveta, dois ou três projetos antimachistas, com roupinha de domingo, muito bem arrumadinhos, só esperando votação. Não tinha nada a ver com nada, mas quem liga? Uma mesma sociedade pode muito bem, em três meses, passar majoritariamente do protesto virtuoso em favor de um romancista perseguido pelos aiatolás à indignação igualmente virtuosa contra o "machismo" das imagens.

Em um livro cujo título era tão vulgar que me recuso a imprimir, mas que valia seu peso em alvura de Tartufo, uma ex-conselheira do Palácio dos Elíseos*, não faz muito tempo, partiu em uma cruzada em nome das "crianças desprezadas ou negligenciadas" pela televisão. Seu demônio inimigo era, sem dúvida, os desenhos e séries americanos e sua inacreditável "violência"... quase baixo demais para ser verdade, ela sugeria que os próprios publicitários censurassem as partes mais sangrentas ou eróticas... Marqueteiros censurando as crimideias! Os anunciantes mobilizados para limpar as coxias do espetáculo! O *Business* aliado contra a imoralidade! A canalha de mercado boicotando a canalha das imagens! Eurodisney sem fim!

Verde paraíso do ano 2000 em que os anunciantes serão também os censores!

A ladainha dos bons sentimentos, o catecismo pelo qual não importa quem tenha se apresentado, toma o lugar por fim, e com vantagem, a oração, desde que ela, como sustentava Nietzsche, não seja inventada por grandes fundadores de religiões senão pela paz, para que as pessoas, ao menos durante esse tempinho, não façam tanta merda. Roupinha, disciplina. Ocupação das mãos, do espírito, dos olhos... levar os fiéis a repetir os noventa e nove nomes

---

* Residência oficial do presidente da república francesa. (N. do T.)

de Deus ou a repetir em coro, diante da tela, o rosário dos direitos humanos, eis excelentes medidas educativas, bem adaptadas a momentos precisos, e diferentes, da história humana, e destinados a tornar todo mundo minimamente suportável, ao menos por um tempinho.

Procurem pelo ídolo! Um dia, é o povo, no outro, a moral conservadora, depois de amanhã as mulheres, as crianças, os animais, os pobres, a pátria, o amor, a alma, o marketing, a poesia, Deus... e daí? Não interessa as roupas que se coloquem no ídolo, o importante é que haja um, sempre, ao menos um, ao menos um por vez, e que seja massivo, que seja suficientemente impressionante e que sua justificação não se coloque como questão para ninguém.

O Bem geral é o verdadeiro nome comum do Ídolo ao longo das eras, e seu poder se funda sobre a inveja, a feiura, a ignorância, a credulidade, a hipocrisia, a surdez e a lentidão gregárias e quase todos.

Procurem pelo ídolo! Na segunda república francesa[*] foi o povo que serviu de objeto de culto, logo, de pretexto repressivo. Os militantes do progresso acusam os escritores de desmoralizar o povo, de desencorajá-lo: eis aí pelo menos uma queixa que tinha um bom futuro. Ninguém sabe mais hoje o que foi, em pleno 1851, a "emenda Riancey", uma pena. Foi um tipo de fátua à moda francesa dirigida contra "todo escrito tendo a forma de romance e passível de uma lei de timbre suplementar"...

"Quando voltei para Paris, diz Nerval no começo de *Angélica*, encontrei a literatura em um estado de terror inexprimível. Por conta da emenda Riancey na lei de imprensa, era proibido aos jornais inserir aquilo que a assembleia chamava de 'romance-folhetim' (...).

---

[*] Período entre 1848 e 1852. (N. do T.)

PROCUREM PELO ÍDOLO

Eu mesmo, que não sou romancista, tremi pensando nessa interpretação vaga, que seria possível dar a essas duas palavras bizarramente acopladas, 'romance-folhetim'."

Alguns anos depois, no segundo império, a atenção se voltou, como sabemos, para a defesa dos bons costumes. O "estranho" e o "blasfemo" tornaram-se eminentemente puníveis. Houve primeiro o processo de Flaubert, depois o de Baudelaire, aos quais é um dever sempre retornar. Poderíamos ser condenados por "atentado à moral religiosa" ou "à moral pública" ou até às duas de uma só vez.

Deixemos passar um século, aqui estamos em nossa época, às portas do ano 2000... sim, a Mulher está tendo alguma dificuldade de se tornar, ao menos aqui na França, esse Totem incriticável, intocável, nunca ironizável que o feminismo nunca perde a vontade de um dia erigir. Junto, graças a Deus, nós temos a Criança. Ah, um salvo-conduto intocável, a criança! Mártir do Teleton! Sucessora do Povo, da Moral, dos Bons Costumes, da Religião! No fundo, de Deus, até! Herdeira universal, grande fetiche! Servem para tudo! Em seu nome podemos proibir de canetada cada vez que queremos matar...! Ah! As crianças! "As crianças salvarão o mundo", lembram-nos esses filmes abundantes de não muito tempo atrás, nos quais um bebê inesperado surge no meio de um casal de jovens descoladinhos... de *Mogli* a *Wall Street*! O menino lobo na Quinta Avenida! O Natural a galope! O Autêntico, na forma de um bebê, vem refrescar a memória da espécie humana, entronizada no estágio mais sofisticado de sua escravidão entusiasta, e nos enfia o nariz em nossa origem "animal", nas raízes "selvagens" negadas. Os elos imprescritíveis com O Grande, as árvores, os campos, os arquipélagos, as estrelas, os animais (e então a gente lembra que nos primeiros dias de agosto de 1990, os iraquianos comeram vários animais do Zoológico do Kuwait, especialmente cervos e antílopes, entendemos, assim, porque em seguida o mundo inteiro os atacou tão ferozmente).

E esse outro filme, *O urso*,[*] por meio do qual a conspiração planetária ecológico-iniciática ou oculto-naturista se apresentou com o barulho e o sucesso que conhecemos bem! Não, se for para nos lembrarmos de tudo, não acaba nunca... e as nossas grandes orações para a Terra! Como se a organização da degradação do mundo físico e a denúncia dessa degradação não tivessem uma só mesma origem! A terra sagrada! Martirizada! A mãe de todos nós vandalizada, poluída, asfixiada...! Escutamos esse refrão todos os dias! Mais uma manipulação que avança! A Terra, como um doente gigante, rolando sem cessar, em nossas telas, sob nossos olhos espantados.

Tocqueville, de seu observatório americano, perguntou-se "o que faz pender os espíritos dos povos democráticos para o panteísmo?". Ele mesmo respondeu que quanto mais as condições se tornam iguais entre os homens, os indivíduos desaparecem, afundando no oceano da espécie, ele mesmo se mescla ao Universo, o qual se mistura com Deus em uma Totalidade, uma só ideia tão imensa quanto eterna.

Dá para deduzir muitas coisas disso tudo, da divinização da infância ao *Business* planetário destilando seu aparente contrário ecológico, sua assustadora gêmea *New Age*, seu duplo técnico-panteísta.

Na França, é preciso reconhecer, questão sagrada, coisa de ídolo, ao menos fazemos um pouquinho, sobretudo se comparados a outros países, EUA, Canadá e Suécia. Ah, essas províncias do sonho de ferro onde cada minuto de televisão é filtrado, vigiado, castrado

---

[*] O autor refere-se ao filme do diretor Jean-Jacques Annaud, lançado em 1988. (N. do T.)

pelos comitês! Onde os censores estão convencidos de que o erotismo miserável dos *pubs* é um perigo. Mas paciência, paciência, os franceses não perdem por esperar. Resta-nos ainda um vago sopro de vida, mas que não vai durar para sempre. Nosso gosto pela frivolidade e nossa tendência arrogante ao "individualismo" serão corroídos. Tudo tem um preço! O puritanismo de justiça que toma o planeta se interessa também por nós. O furioso Denominador Comum, bem mais eficaz e global que os projetos de tiranos loucos do passado, prometeu nos engolir.

Ninguém mais tem escolha entre o vício e a virtude, somente entre esta última e o nada. Por isso, tudo se eufemiza. Até a pesquisa científica é tomada pelo desregramento sentimental. A biologia, por exemplo, não é mais aquela que você pensa. Você escutou, talvez, que o sistema imunológico era um formidável dispositivo guerreiro contra as moléculas invasoras? De jeito nenhum! Tudo errado! Trata-se de uma máquina extremamente suave, civilizada, de uma tolerância a toda prova, na busca perpétua do, aqui eu cito, "equilíbrio dinâmico". Um tipo de pacifismo buscado por outros meios.

As mídias só difundem o que destaca o Bem porque querem nos convencer de que são, eles mesmos, o Bem enfim completo, realizado. As cadeias de transmissão, aliás, poderiam veicular outra coisa que não fossem debates edificantes? E o que mais existe neste mundo, o que ainda haveria de mais vivo que uma cadeia de transmissão?

Nossa inacreditável inconsequência, nossa ironia ingênua, nossa inaptidão francesa à uniformização europeia, nossa megalomania, sempre irritaram os povos que pensaram realmente em nossos interesses, e deus sabe que foram vários. Ah, nós tentamos, nós nos esforçamos, faremos ainda mais. Mas nosso maior defeito, nossa pior tara, para dizer a verdade, nosso vício insuportável é de *nunca ir até o fim*. Aí está estampada nossa imoralidade. Vamos mexendo em tudo, tiramos as medidas, votamos as leis, lançamos mil operações a ferro e fogo contra quem quer que seja, pelo que quer que seja e depois todo mundo esquece, deixa para lá. Mesmo as mais sinistras tendências repressivas dos tempos modernos, entre nós, se dissipam, desvanecem.

Não quero que pensem que sou ufanista. Conheço a França e seus horrores. Ninguém, porém, me impedirá de dizer para mim mesmo que um país onde o feminismo anglo-saxão e o desconstrucionismo derrideano nunca conseguiram dominar de fato, realmente enraizar-se de maneira profunda, não pode ser de todo mal.

Por isso somos um problema. Terão de acabar conosco um dia, nos colorizar, nos converter integralmente.

Os alemães, nos tempos de seu esplendor hitlerista, nos previam como uma terra inofensiva de turismo, lazer e gastronomia, aquela província que fazia moda e perfumes, um tipo de Suíça maiorzinha, aberta às viagens operatórias da Germânia universal. O livrinho de Friedrich Sieburg, *Seria Deus francês?*, publicado nos anos 1930, poderia ser reescrito hoje sem mudar nada de essencial. Um país que fez do "bem-estar individual" a fonte suprema de seus valores é um país sério? Suportável? Quanto tempo dura? Nós éramos, dizia Sieburg, com o mínimo de arrependimento necessário, o "símbolo manifesto e respeitável de um mundo que estava desaparecendo". O melhor que poderiam fazer por nós seria acabar conosco. "Seria doloroso, conclui ele, pensar que a europeização da França se fizesse a esse preço." Mas paciência, tudo tem seu tempo.

Da hitlerização do planeta a sua disneyficação contemporânea, apenas a violência foi extirpada. E ainda assim, não de toda parte.

IV

Plumas e Alcatrão

ESSES ÚLTIMOS ANOS DO SÉCULO SÃO, para o Bem, como a sororoca, a agonia da morte. Não acabarão de se acabar.

É evidente que existe vida depois do último suspiro. É inútil procurar testemunhas, histórias de "ressuscitados" para deixar de cabelo em pé, casos de EQM, basta abrir os olhos a nossa volta, essa luz suave, esses cantos em toda parte... e essa música... e essa bondade... essas nuvens de amor que te rodeiam... sim! Aí está! Pronto! Aconteceu!

Chegamos ao Paraíso!

O tempo, todo esse tempo que nos resta, que se estende diante de nós, é tão bizarro... não sabemos mais o que fazer com ele, não sabemos como vivê-lo. É um tipo de hora extra monstruosa, uma extensão indefinida, um suplemento sem borda nem fundo. Como enchê-lo, como ocupá-lo senão com valores, os verdadeiros, com a Virtude e o Bem? E, por consequência, retorno agora, com a prevenção contra tudo que poderia ameaçar esse verdadeiro, esse Bem e essas Virtudes. Pronto! Estamos em plena obsessão preventiva, em pleno desastre previsional, em plena civilização profilática, em todos os domínios. Sem solidariedade não há comunicação e sem ameaças não há solidariedade. Vamos, então, pegar com uma pinça aqueles que ainda temos. Lembrem-se daquelas campanhas surpreendentes, as campanhas de "bandeira branca" inauditas contra os acidentes nas estradas, beber e dirigir, a velocidade. Essas campanhas do "broche branco" maravilhosas contra a destruição das drogas... todos grandes exemplos. Tudo que passa pela minha porta, todos os fenômenos que se sucedem, os mais cotidianos, os mais triviais, têm minha aprovação apaixonada; especialmente porque sei que vou dar boas gargalhadas depois. Uma noite liguei a televisão em um programa sobre "acidentes domésticos"... não? Sim! Mas não vão fazer um debate com isso? Claro! Com certeza! Aí está! Seríssimo! É proibido rolar! Seu apartamento está fervilhando de perigos, não confie nas aparências! No fim das contas, Saint-Juste não estava errado: "Viver frouxo e entocado é uma ideia nova na Europa." Atenção, o terror escorre pelos cantos das paredes. Seus querubins vão se queimar na cozinha se ela não estiver dentro das normas europeias! Vão se envenenar com o detergente! Água fervente vai cair sobre eles! Vão fechar as portas sobre os dedos. Sua sala é Beirute! É Stalingrado nos piores momentos! Preste atenção nos móveis e objetos, nas quinas não boleadas, no ferro de passar ainda quente! Nunca deixe de patrulhar essa sua selva! Abra o olho! Desconfie de tudo! O portão automático da garagem perde o controle, pronto, eis uma vida destruída! E assim por diante durante uma hora.

Este mundo já foi suficientemente interpretado e mudado, *trata-se, agora, de protegê-lo.*

PLUMAS E ALCATRÃO

Entre a paixão do bem-estar e a defesa dos bons costumes existe uma linha direta, lógica como a que há entre o prazer e o jogo que os antagonizam.

"Não há nada mais engraçado", escreve Sade, "que a multiplicidade das leis que os homens criam todos os dias buscando a felicidade, pois não há uma só delas que não retire dele uma fração dessa mesma felicidade".

A canalhice pelo interesse geral, a chantagem do Bem público leva a uma epidemia de direito sem precedentes. Sem liberdade para os amigos da liberdade! Diz igualmente Sade em *A filosofia na alcova*:

"As leis não são feitas para o particular, mas para o geral, o que as coloca em uma eterna contradição com o interesse pessoal, o qual se espera esteja com o interesse geral. Mas as leis, boas para a sociedade, são bem ruins para o indivíduo que a cria."

Nunca acreditei na propaganda de antigamente pela "liberação dos costumes". É, ao contrário, a busca por assexuação que vejo reinar desde sempre e hoje mais ainda. O Erotismo parece triunfar, sob diversas formas escritas e filmadas, porque parece economicamente muito rentável. Está acabado hoje, então podemos voltar para as coisas sérias. O ódio antissexual perpétuo está de volta e mais feroz do que nunca. Já encontrou o que morder em certos domínios sensíveis, os prazeres não tão espetaculares como o tabaco ou o álcool. São apenas ensaios, prelúdios, pequenos gracejos de aproximação. Um dos ditos "sábios" consultados pelo estado e mestre de obras dessa perseguição estabeleceu recentemente uma distinção entre regimes ditatoriais e sociedades democráticas: as últimas brilharão, ele disse, por sua "aptidão de criar interdições desejadas pela maioria e reunidas em códigos. Chigaliov era mais

O IMPÉRIO DO BEM

honesto: "Partindo da liberdade ilimitada, chego ao despotismo ilimitado." A União Soviética de uns bons decênios atrás alimentava também a ambição de representar a vontade da maioria, fazendo conhecer suas exigências, claro. Goebbels, em 1933, definia assim o nazismo: "O essencial desse movimento revolucionário é que nele não há lugar para o individualismo, o indivíduo divinizado cede lugar ao povo."

Um outro médico doido, muito tempo atrás, o simpático doutor Guillotin, se gabava assim de seu invento:

"Em um piscar de olhos, faço-vos pular a cabeça, sem a menor dor."

Há alguns meses, uma revista de boa vontade perguntava: "Proibir, mas até onde?" Que escrúpulo louvável! Uma tal pergunta, fora da lei, deveria estar mesmo iminente. Em menos de dez anos já não poderá mais ser feita. A *base democrática* da nova tirania permite que se rejeite logo de cara para os extremos confins da sociedade qualquer um que ouse meramente problematizar essa tirania. A questão que resta, única, seria de saber se ainda é possível não proibir tudo absolutamente. Tudo, sim, de uma vez, em um só golpe, em todos os campos imagináveis. A noção de limite quase não conta mais. A liberdade de pensamento, logo, por definição, de pensar mal, não pode mais ser protegida; essa liberdade desaparecerá da lista de direitos humanos no dia em que acreditarmos que está provado que toda liberdade individual tem efeitos coletivos nocivos.

"Esquecemos que a felicidade pública é composta por elementos de felicidade individual e matamos a felicidade individual para criarmos a felicidade pública", espantou-se o deputado Courtois em seu *relatório da comissão encarregada de examinar os documentos de Robespierre* (1795).

"Esquecemos"? Quem diria, não?

Até onde permitir nossas necessidades? E nossos desejos? E nossas loucuras? Os ecologistas se perguntam com as melhores intenções do mundo. Da proibição das drogas até a penalização de quem as defendesse havia um curto passo, que foi dado alegremente com gritos de viva unânimes (artigo 630 da lei de saúde pública). Por que não mandamos para a prisão, amanhã, alguém que faça o elogio de um maço de Hollywood ou do uísque? Quem vai protestar? Entrar com uma ação? O indivíduo não está apenas privado do direito de agir segundo a sua consciência (afinal, a vida em comum e em paz sempre teve esse preço); ele deve agora renunciar à simples possibilidade de raciocinar e julgar sozinho.

O chamado à delação se faz já sem complexos, pois é para o bem de todos, e não gera a menor indignação. "Obrigado por se meter onde não foi chamado", dizia um comercial recentemente. Claro, claro, vamos nos meter em tudo, pode mandar! Vamos organizar grupos! Formaremos batalhões, milícias, vamos dedurar os carrascos de crianças, as esposas mártires, os pais incestuosos!

Verás que um filho teu não foge à luta!

Lá atrás, em *Os Demônios*, Piotr Stepanovitch Verkhovensky havia resumido toda a situação:

"Cada um pertence a todos e todos pertencem a cada um."

Amém.

"Só o necessário é necessário", ele disse também.

Vale lembrar que eram cobertos de plumas e de alcatrão que os "benfeitores da humanidade", em outras palavras, os charlatães filantrópicos, vendedores de poções milagrosas, eram escorraçados das cidades no tempo do Velho Oeste.

V

Consenso na base da força

O TERRORISMO DO BEM não se compara a nenhum outro. É o ar do tempo que se vaporiza, baterias de furacões licorosos, atentados de eufemismo e selvagens bombardeios de figuras de linguagem.

Querer "denunciar" este estado de coisas é já cair em sua linguagem. Nomear seus elementos é um feito quase impossível, como buscar os responsáveis. A invasão que sofremos, um tanto curvados, mas sorridentes, às vezes relutantes, mas entretidos, possui este ponto em particular: devemos distinguir-lhe os artifícios se tentamos falar dela.

Poderíamos dizer "mídias", "espetáculos", "imagens", mas nunca será completo. Poucas palavras alcançam a altura dessa Qualquer Coisa da qual fogem sem parar, banhando-nos em sua euforia.

O grande poder do fenômeno, imenso para dizer a verdade, vem de que não é possível não o esquecer, ainda no momento em que emprega suas armas, que derrama seus efeitos, quando embala tudo aquilo de que trata, mais, quando ele inventa, mesmo, aquilo que seria um assunto. As telas que nos cegam são transparentes, onipresentes e invisíveis. Apenas lembramos que as havíamos esquecido, quando o sistema monta alguns "debates" para fingir que está fazendo uma autocrítica.

Esse processo da mídia contra si mesma é uma piada das melhores, na minha opinião. A lógica do show, mais infinitamente implacável que qualquer lógica de guerra existente, consiste em transformar em virtuose sua própria crítica, comentar na televisão os seus próprios feitos, aumentar como quiserem suas dificuldades, criticar sua própria versatilidade, fingir na vitrine de sua própria crise, denunciar sua maneira de gerir a atualidade usando e abusando da emoção e o auge da palhaçada é não permitirem a ninguém a capacidade de os analisarem melhor que eles mesmos, com o seu pavoroso carrossel de clichês e estereótipos.

E tudo isso para enfiar na sua cabeça a legitimidade da pretensão de que eles têm de ser a *consciência* do novo mundo.

Esse triplo mortal carpado repetido acontece tão rápido que você mal percebe. A autocrítica espetacular é esquentada no micro-ondas. É o eterno retorno dos mediadores. Existem os programas de rádio, de manhã, para debater os programas de televisão transmitidos na noite anterior, nós pensamos em tudo!

O sistema já tinha conquistado uma vitória estupefaciente durante as crises e mudanças na Europa central, aquela da Romênia, especialmente, dando a si mesma o prazer de dirigir a encenação dos eventos e, alguns dias depois, a encenação da desmontagem metódica daquela encenação precedente. Isso sim é "efeito de distanciamento"! Isso sim é Brecht aplicado! Nunca fomos, ao mesmo tempo, tão bem servidos e desservidos pelo Espetáculo, e ele sabe disso melhor que ninguém.

CONSENSO NA BASE DA FORÇA

Na maneira com que se acusa, havia perfeitamente o princípio de sua própria apologia e perenialidade: é claro que houve manipulação em Timisoara, logo, todo o resto é verdade.*

Um tal feito não podia quedar solitário na eternidade. Mais perto de nós, o conflito fantasma do golfo, com suas imagens sintéticas destinadas a nos fazer crer que as convulsões da história tradicional haviam recomeçado sem grandes mudanças, foi a ocasião perfeita para mostrarem tudo o que era para inglês ver. Em seguida, faziam os tais debates para comentar e criticar a maneira como estas imagens nos eram apresentadas.

Desse modo, o sistema garante seu poder espiritual e moral. Com operações policiais rápidas dentro de si mesmo, ele tranquiliza o espectador acerca da integridade do sistema, deixando cada vez mais indispensável o dever de jardinagem higienista totalitária que ele teve por bem nos passar.

Esta propaganda tem desdobramentos, com confissões públicas pseudotorturadas ao vivo e culpabilidade falsa alardeada por Dostoiévskis de muito baixo nível, e nada disso é feito na inocência. Quem necessita que perdure o terror do Bem? Fora eu, todo mundo ou quase, desde os gângsteres de Estado até os chantagistas materiais ou morais dos grupos de pressão, passando pela massa de espectadores que estão no meio da festa e pedindo o aumento do terror por meio de novas leis e punições cada vez piores aos transgressores.

A paixão pela perseguição apresenta, eu repito, a cauda da besta por baixo das cruzadas filantrópicas. Na superfície, Peppa Pig e

---

* Em dezembro de 1989, as mídias ocidentais, particularmente as francesas, anunciaram a descoberta de numerosos despojos de opositores a Ceausescu, mortos durante as insurreições. O número de vítimas alcançava dezenas de milhares (quase 70 mil), porém os jornalistas perceberam que haviam sido enganados: os corpos foram desenterrados do cemitério municipal. (Nota do editor francês.)

Mickey, joguinhos educativos, cores fofas de um mundo Disneyficado até a morte. Abaixo, mais do que nunca, reina e ronda a velha selvageria, como nas cavernas, o fogo do velho crematório sacrificial de todas as comunidades. Tudo o que é condenável, deve sê-lo. Fica tudo mais fácil se o pretexto é científico, como o sexo por conta da AIDS, por exemplo. Não é porque o câncer de pulmão é um perigo real que acossamos os fumantes cada vez com mais ferocidade; o que de fato motiva a repressão é o desejo de reprimir, o último, talvez, que nos reste, e com tanto mais regozijo quanto mais indiscutível for a causa. O fim do século XX não será um jantar de gala, mas fará de tudo para que ninguém o diga.

"Quando tivermos tornado morais conforme entendem, desejam e exigem nossas civilizações", escrevia Céline em 1933, "terminaremos por revelar também a maldade. O único brinquedo que nos restará será o instinto de destruição".

A tendência maior, hoje, é de lamentar o apagamento dos valores, de chorar sobre essa sociedade que não acredita em mais nada, não ama mais nada, não sabe valorizar nada... esse discurso tem um corolário: a obra de arte torna-se praticamente impossível, na medida em que se define por oposição aos valores dominantes que não conhecemos mais.

Tudo isso é falso, claro. Ao extremo, urros de falsidade. Nós talvez nunca estivemos cercados de "valores" mais esmagadores, mais aterrorizantes. É preciso defini-los. Espero fazer isso. Eu tateio, indico pistas... não conseguimos nos desvencilhar em um golpe só de tanta barafunda de censuras doces e massacres invisíveis. A empreitada é tanto mais perigosa porque ninguém encarna mais nenhum fenômeno. A quem agarrar nessa aldeia global de papel de arroz? Quais sombras? Quais fantasmas de responsáveis?

Entre nós e o nada, não há nada além do Bem declamado em todas as redes, todas as ondas. Se releio Tocqueville na marra, é sobretudo porque ele ousou escrever da maneira mais fria do mundo:

"O que condeno na igualdade, não é que empurre os homens à busca de prazeres proibidos, mas que os absorva inteiramente na busca de prazeres permitidos."

Eis onde estamos, exatamente: satisfeitos com o que nos dão. Desejando o que nos permitem. Interessados no que nos mostram. E, claro, igualmente, recusando o que nos proíbem. Sem nunca escavar naquilo que nos escondem.

Malfeitos da virtude! Infortúnios, não! De jeito algum! Desastre de enxovalzinho azul-bebê generalizado! Triunfo de quadro brega na parede!

Consenso na marra!

Rajadas!

Aliás, será que sabemos, exatamente, de onde saiu essa palavra "consenso", que se arrota a torto e a direito, seja para louvor ao termo ou não? Eu não sabia, e veja só, ela saiu do vocabulário médico, do léxico da fisiologia: "Relação das diversas partes do corpo, mais conhecida como simpatia", diz o velho dicionário Littré, que não erra nunca.

Mesmo se eu não fosse por princípio inimigo do espírito de conciliação, das "sínteses", da obsessão de acender uma vela a Deus e outra ao diabo, da busca dos "valores comuns", das concessões, da "França unida", das "coligações", das "aberturas", mesmo sem isso eu desconfiaria: por que eu deveria aceitar essa metáfora médica, quando desqualifiquei tantas outras desse século, e com razão?

Manchete na página de "ciências" de um jornal: "Consenso francês sobre diagnóstico de câncer de mama: um exame a cada três anos de vinte e cinco a sessenta e cinco anos."

Outra manchete em um jornal médico: "Consenso sobre infecções urinárias e otites menos agudas."

Textual!

Pronto!

Todo mundo para a caminha!

Evidentemente, para ser sincero, era preciso triar um pouco as amostras. Tentar classificar, pelo menos, os dois aspectos elementares, as duas grandes formas desse Consenso, o "mole" e o "duro".

Um consenso duro, ou concentrado (a autoridade católica do tempo de Sade, os "radicais" islâmicos de hoje em dia), é uma tirania que tem como característica principal meter os pés pelas mãos cada vez que se manifesta. Seu poder pode se abater sobre alguém, pode prendê-lo e até matá-lo, mas não pode apagar nem a vontade nem o pensamento que conduziram aquele indivíduo; pelo contrário, eternizará seu brilho e o tal poder, no fim das contas, se isolará e desaparecerá depois ter dado à tal pessoa uma auréola luminosa dos mártires.

O despotismo do Consenso mole apresenta características diferentes e mais assustadoras. Sua façanha de ser ao mesmo tempo quase invisível e derramado por toda parte, logo sem borda, sem alternativa, sem exterior de onde seria possível, senão cercá-lo, ao menos pretender atacá-lo, obrigando-o a reagir, ou seja, a se mostrar e revelar a extensão e o poder dessa tirania. O Consenso mole tira sua legitimidade, renovada pela plateia a cada dia, de ter sido desejado por todos como a última forma de proteção. O último abrigo universal que temos e sob o qual tudo se reconcilia definitivamente, se mistura, se apaga. Não podemos nem mesmo tocar nele sem ameaçar, de imediato, a paz do gênero humano inteiro.

Assim, o Consenso mole é uma violência inatacável, o extremismo do meio-termo, a assexuação geral finalmente realizada, radical, um tipo de transexualidade absoluta, só que sem glitter e sem a parte patética.

Alexis de Tocqueville, outra vez:

"As cadeias e os carrascos, eis os instrumentos grosseiros de que a tirania se utilizava no passado; hoje em dia, a civilização também aperfeiçoou o despotismo, o qual até parecia que não tinha mais nada a aprender."

Escutemos um pouco o crepitar do grande fervor dos bons-moços, eles nos querem todos preocupados, responsabilizados, aderindo, transformados em militantes, em agentes de saúde. O projeto terapêutico triunfou. Dez anos atrás, os vampiros só queriam o nosso dinheiro, depois foram apertando o cinto, agora nos querem inteiros, dos pés à cabeça, nosso futuro e nossa saúde mental e física.

Fiquemos alguns minutos no espaço Academia e Beleza, um dos nossos favoritos, claro. Oitenta aparelhos de musculação pesada! Cabines de sauna. Jacuzzi. Hidroterapia, controle cardíaco etc. A que estamos nas deformações da Forma, ou seja, no mundo atual. Ah! Aqui é preciso se policiar! Entramos no santuário do Dever. Apaguem seus cigarros! "Abuso perigoso!" Lei de 9 de julho de 1976. "Tenham sede de moderação!" Desde que se aceitou o princípio de que nossos atos tem consequências, não apenas sobre nós mesmos, claro, mas sobre os outros, sobretudo sobre os outros, a jardinagem higienista e moral não se contém mais. O poder espiritual dos "homens de ciência" não encontra mais nenhum limite. O terrorismo do Bem-estar é uma das últimas torturas que, para se sentir um pouco viva, poderia inventar um mundo que se percebeu enterrado na paz dos cemitérios consensuais.

Eu, da minha parte, considero a invenção do "fumante passivo" uma das grandes conquistas destes tempos, devemos generalizá-la, expandi-la, aplicá-la a outras áreas. Um pouco por todos os lados. É graças a essa pequena campanha, que só está no começo, e em virtude desse famoso conceito que, canalhamente, temos a legitimidade de tratar esses fumantes como eles merecem, com o mesmo tato que no passado, por exemplo nos EUA, os negros, os indígenas, Sacco, Vanzetti, só gente boa... Tenho um pouco de vergonha, sabe? De chafurdar nessa lama; mas é lá que estão nossos tabus, e é de lá que preciso trazê-los.

Nada de liberdade para os amigos da liberdade. Manobrando algumas pequenas correções, é com uma igual retórica que se pergunta regularmente se alguém como Sade não teria efeitos perniciosos sobre seus leitores; e até talvez, por tabela, sobre aqueles que jamais folhearão uma só página... E isso se pergunta tantas vezes e com tão bons argumentos, que se terminará por proibi-lo outra vez: guardem essas minhas palavras!

Nos Estados Unidos, o movimento feminista é uma mão forte na maioria moral para encontrar um caminhão de boas razões para acabar com a pornografia e suas obras infernais; as quais significam, eu cito escrupulosamente: "estupro, tortura, morte, escravidão ao erotismo e ao prazer..." Meu Deus, meu Deus! Escravidão ao erotismo e ao prazer! Eis o escândalo assustador! Segundo um projeto de lei antipornô recente, qualquer autor de um livro que descreva um estupro, por exemplo, ou não importa qual cena de sexo explícito (nessas palavras charmosas) pode ser processado, ao menos por danos morais, se alguém, em uma má hora, cometer precisamente um estupro após ter lido o livro em questão. Nada de liberdade, repito, não há liberdade para os amigos da liberdade. E mil outros projetos no forno... aqui, ali, um pouco para todo lado... tudo do mesmo aço de guilhotina... da mesma raiz filantrópica...

Mas estou me dispersando demais. Vou voltar ao meu desastre feliz. O projeto terapêutico, o complô proibicionista atual, consiste, pois, em transformar a maioria entre nós em militantes da Virtude, contra uma minoria de retrógrados, representantes convenientes do Vício, que serão liquidados pouco a pouco. A dieta real: tudo o que não colabora para o bem nutricional coletivo, quer dizer, em outras palavras, a subvida anônima, deve ser liquidado. O fanatismo da saúde conta com o entusiasmo, por assim dizer, de fábrica, que a maioria de nós sente por qualquer nova possibilidade de servidão voluntária. E avança! É formidável! Em frente! Voando! Militando! É a espoliação feliz! A vida está indo, a gente não sabe muito bem para onde, mas está indo! Ela tem um sentido! Conserve-se! Reproduza-se! Renuncie a seus caprichos! Chega de perder tempo e energia! Chega de distrações inúteis te afastando do principal! Pelo bem da espécie! Cuide-se! Apresente-se às ordens do Consenso! Agora!

VI

Tartufo

NESSA IMENSA RESERVA, nesse jardim das delícias em que o planeta está se transformando, ainda haverá acidentes, enfrentamentos, catástrofes, atos isolados de loucura, assassinatos em massa. O retorno das chamas nacionalistas, étnicas, religiosas, ideológicas. Mas tudo se organiza devagar. A nova ordem mundial vela pela satisfação geral.

A utopia de um universo onde só exista a gentileza, a ternura, as boas intenções, deveria, naturalmente, gerar um frio na espinha: o mais assustador de todos os sonhos, porque ele é realizável. Mas, não, ninguém parece ter medo. A golpes de leis em cada país, a golpes de operações policiais por todo o mundo, vemos o programa se instalar com grande velocidade.

No Golfo, uns meses atrás, a questão não era esmagar os árabes; tratava-se, sobretudo, de começar a convertê-los aos nossos leprosários coloridinhos. As guerras necessárias para as conquistas só nos parecem assustadoras porque surgem como interrupções (as mais breves possíveis, por favor, o intervalo comercial não pode parar, *the show must go on*) da vida considerada normal. Sabemos que estes atos de violência são cometidos contra esses povos para o bem deles; apenas gostaríamos que tudo fosse feito com a maior gentileza possível... infelizmente isso é difícil. Como já disse Clausewitz: "As almas filantrópicas podem bem pensar que existe uma maneira engenhosa de se desarmar e de superar o adversário sem derramamento de sangue e que essa, sim, é a verdadeira arte da guerra. Por mais simpático que isso pareça, é um erro que deve ser refutado. Em uma questão tão séria como a guerra, os piores erros são exatamente aqueles causados pela bondade."

Nessa área, assim como em outras, o Bem, nunca é demais repetir, será sempre o pior inimigo do bem. Se o mal pode, às vezes, ter efeitos bons (a concentração de arsenais nucleares, denunciado por pregadores de todos os países, mas impedindo por quarenta anos que se declare uma guerra mundial), o Bem, e essa é sua fatalidade, produz sempre os piores desastres. A boa vontade gera infelicidade.

"O vulgo, pouco perspicaz", diz outra vez Bernard de Mandeville, "raramente percebe mais do que um único elo da corrente de causas; mas aqueles que conseguem ver mais longe e querem, de fato, dedicar tempo para compreender a sequência e o encadeamento dos eventos, verão em cem lugares diferentes o Bem nascer do mal como pintinhos saem dos ovos".

Balzac evoca a virtude como quem falasse de olho gordo ("esses virtuosos imbecis que arruinaram Luís XVI"). Seu retrato, em *Beatrix*, sobre as torpezas da Filantropia, poderia se tornar uma alegre representação de época, apenas mudando um ou dois nomes.

TARTUFO

"Cada qual se distingue pelo ridículo, por uma afetação de amor à causa polonesa, à reforma do sistema penitenciário, pelo futuro dos prisioneiros depois de soltos, pelos detidos por infrações menores e pelos menores de doze anos, por todas as misérias sociais. Essas manias diversas criam dignidades postiças, presidentes, vice-presidentes e secretários de sociedades cujo número em Paris supera o de questões sociais que precisam ser resolvidas."

Cito os escritores porque somente eles souberam ver, souberam dizer, que são sempre os piores crápulas que fazem procissão com o coração na mão. "A metade das supostas caridades são especulações." Balzac outra vez, mas também Sade em *A filosofia na alcova*: "A filantropia é bem mais um vício de orgulho do que uma verdadeira virtude da alma..." "É pela ostentação que se aliviam os semelhantes, nunca pela vontade pura de fazer uma boa ação."

Sim, sim, todo mundo escreveu a mesma coisa.

Mais um parágrafo de Sade, sobre as mulheres virtuosas:

"Elas não servem às mesmas, se preferes, paixões que nós, mas elas têm as suas, que são outras, e frequentemente bem mais desprezíveis... A ambição, o orgulho, interesses mesquinhos, muitas vezes sob a frieza de um temperamento que não lhes aconselha absolutamente nada além disso. E somos nós que devemos o que quer que seja a seres como esses, eu te pergunto?"

Na virada do quinto ato, Don Juan, subitamente, troca de máscara, veste-se do discurso virtuoso e deixa de praticar o mal por seus próprios desejos para fazê-lo em nome do céu. "O papel de homem de bem é o melhor de se interpretar", ele diz. É o auge da peça, claro. O hipócrita caridoso é um grande momento do teatro porque é a própria essência do teatro. É a apresentação da hipocrisia pela qual a realidade, por sua vez, se revela como teatro de credulidade universal. Balzac felicitava Molière por ter "colocado o hipócrita no nível de um artista pelo talento de fingidor que tinha Tartufo". O espetáculo não geraria o menor interesse se discurso e ações tivessem concordância. Também Don Juan descobre, como grande artista que é, a arma absoluta de certa lógica invertida, mas eficaz, segundo a qual, para cometer os crimes em paz, é preciso que eles sejam legalizados pela ostentação de seu contrário virtuoso. Assim como o frio artificial de um refrigerador é fabricado em máquinas quentes, a produção de vítimas em série precisa estar embalada em um discurso que nega essa vitimização e tem o mesmo discurso de combatê--la. O verdadeiro crime só pode curar com essa condição asséptica.

Cada século tem seu Tartufo, o nosso mudou um pouquinho. Ele se alargou, engordou. É membro fundador de alguma ONG, estudou em alguma universidade de prestígio, é socialista moderado, ou progressista cético, ou centrista. Ele pode se revelar poeta nas horas vagas, ou romancista, mas sempre superficial, meloso hoje como era stalinista nos anos 1960-70, com aquele langor indefectível. O niilismo de antes, agora é *new age*, jovem místico, gratiluz, *good vibes*, incenso importado, iogurte caseiro, carma, ioga, astrologia, tarô e ocultismo *gourmet*. Mais do que nunca são "moedeiros falsos da verdadeira religiosidade". Segundo Molière, sua "vã ostentação de boas obras (ainda Molière) não os impede de praticarem atos sórdidos, pelo contrário" (sempre Molière). Acreditam na nova ordem mundial, ou seja, na quarta grande Reforma (depois de Lutero, depois de 1789-93, depois de Hitler), não conseguem compreender por qual motivo algumas pessoas são reticentes quanto ao charme protestante. Sua capital ideal é Genebra, claro. "A cidade mais baixa, como disse Leon Bloy, o salão de festas da impostura e do egoísmo vis no mundo moderno." Ele também aparece como redentor frenético de empresas, vendedor de armas químicas, professor titular de Ética na Harvard Business School, onde demonstra ao longo de seu curso que a moral, a administração e a comunicação são a mesma face da mesma moeda, pingando vaselina. "A ética nas empresas", ele diz, seguro, "é poder contar aos meus filhos tudo o que faço no trabalho". Seu descanso em família é sagrado, bem como suas partidas de tênis, para relaxar. A casa de Orgon onde ele entra, como em 1664, diretor das consciências, tem o tamanho da aldeia global de Macluhan, com o chão forrado por flores de Teletons. Ele se apoia sobre as mídias, bem mais eficazes que o velho rosário. Enfim, este é o mundo de hoje, o mundo que finge acreditar no mundo, o teatro que acredita em seu palco, a câmera de joelhos diante das câmeras, os satélites olhando-se no branco de seus olhos, o Espetáculo adorando a si mesmo no fundo de suas telas... o partido das beatas tornado programa mundial e fazendo cara de quem se preocupa com "as grandes questões que agitam a cidade", o show tomando o lugar da sabedoria divina. O ideal do século XIII — uma só terra, um só povo — sendo realizado. De um jeito meio peculiar, sim, mas sem dúvidas definitivo.

Porque mesmo que não se queira um só Deus, deve haver, como meio-termo, uma só forma de sociedade. A *respublica fidelium* espetacular com a vocação de se estender até os limites do universo pela destruição ou conversão dos últimos infiéis, e vejam só, isso está feito... ou quase. A cidade do Bem é a sucessora da *Civitas Dei* como projeto de comunidade espiritual unida sob a autoridade de uma instância soberana, perfeitamente global, perfeitamente feroz.

VII

Cordicópolis

EU GOSTARIA, AGORA, de fixar em papel esse Império aterrorizante do Sorriso, com suas marés de figuras de linguagem, suas músicas gordurosas, toda essa invasão lenitiva, essas positividades, essas euforias, essa invasão perpétua das terapias mais adocicadas, essa massagem sistemática das almas e dos corpos para que aceitem definitivamente a última ideologia possível, porque ela tem tudo o que é natural, normal, desejável, agradável para todos e para cada um.

Como resumir esse descarrilamento luminoso, essa revolução inatacável a favor da qual as coisas todas acabam por ficar certinhas, aleatoriamente a família, os casais, a alegria de viver, os direitos humanos, a "cultura adolescente" dos hooligans, o *Business*, a fidelidade que acompanha a ternura, os patrões, as leis de mercado temperadas pela ditadura da solidariedade, o exército, a caridade, os bebês que muita gente quer de novo, os novos secundaristas que se achavam *golden boys*? Como resumir o erotismo cada vez menor, a publicidade que se tornou cósmica, o reconhecimento Zulu, enfim, todo o mundo purpurinado, paparicado, lambendo os beiços, o Melhor do Melhor que se espalha por toda parte, o eufemismo superlativo no melhor dos piores mundos abominavelmente gentis?

É difícil exprimir. Na verdade, só encontro uma palavra, para ser sincero, um único termo capaz de condensar, de agrupar todo o Sabá, mas já tão esquecido que precisa ser explicado.

A palavra "cordícola".

Vivemos no fascismo cordícola, em plena subjugação cordícola.

Pronto.

Cordícola.

De *cor, cordis*, coração e *colo*, reverenciar.

Termo que ressuscitei, exumei do velho vocabulário religioso: chamavam-se cordícolas, no século XVII, os membros de uma associação jesuítica que buscava introduzir na França o culto ao coração de Jesus e a Festa do Sagrado Coração.

Também chamados "cordiólatras".

Estamos em plena devoção cordícola. Em pleno culto do Coração-rei. Em plena orgia cordiólatra, cordicolina, cordicófila.

Em pleno nó córdio.

Ah, é evidente que não se trata da adoração ao coração de Jesus! Não, não, é o coração, apenas ele. Em si mesmo, absoluto. O coração, sede das emoções e paixões. O órgão símbolo de nossa época, hieróglifo do mundo, sua realidade, sua sombra, sua trama, seu sentido, tudo ao mesmo tempo, o totem e seus tabus.

Prosperidade das vísceras!

Chamarei, então, de Cordicópolis o planeta onde estamos, pelo menos os países ocidentais, aqueles que têm a sorte de possuir todos os estágios da democracia e os direitinhos humanos nas cidades. Em Cordicópolis, cruzam-se diferentes categorias de cidadãos, as quais precisamos distinguir com cuidado: os cordicolianos, os cordicólatras e os cordicocratas. Por força das coisas, claro, somos todos cordicolianos, como somos novaiorquinos ou albaneses, nada mal de saída, ambição; a espécie mais espalhada, porém, é evidentemente a de cordicólatras e cordicófilos, ou seja, a imensa maioria de servidores anônimos. O José da Silva em oração, o gênero humano inteiro, a comunidade de espectadores crédulos, confiantes, consumidores, digerindo, pacientes, aprovando, aplaudindo.

Não há expressão mais repetida, fórmula estereotipada mais repisada, mais insuportavelmente vomitada cem mil vezes por dia que "paixão".* Cada vez que escuto isso, me desintegro. Aproximem-se de suas televisões, liguem os rádios, leiam. Estão todos apaixonados, pelos livros, pelas exposições, pelos desfiles de moda, pelas canções, pelas vernissagens, pelos shows, pela propaganda, pelas performances, pelas estrelas, pelos supermercados. Essa paixão, sim, possui razões que a razão financeira conhece. Os juízes da Comunicação e todos os empregados da casa de shows passam a vida se arrastando, como répteis sob o sol, de paixão em paixão, uma pedra após outra, através do rio sem sangue que não os incomoda jamais, a menos que digam a eles que é preciso um pouco de sangue para ter paixão.

Magic Kingdom demoníaco! Eles estão agora em Cordicópolis, na casa de bonecas geral e querem criar "uma bandeira para a terra"!

---

* O autor utiliza *"coup de coeur"*, literalmente algo como "um soco no coração". A expressão indica uma forte e súbita atração por algo ou alguém. Muitas vezes se traduz como "ter uma queda por", mas nisso perde-se a ideia de forte emoção presente na expressão original. Optou-se aqui por "paixão", mantendo as noções de um sentimento inesperado e igualmente forte, além de muito clichê na cultura de massa brasileira.

Essa pelo menos é uma farsa simpática. Não têm mais o que inventar! Uma bandeira para o planeta Terra! Enfim, eis alguma coisa que vai agradar! O mundo está em perigo! Vamos nos esforçar para salvá-lo! Somos todos cidadãos do mundo, considerem-nos já mobilizados! Nunca faremos o suficiente por nossa mãe Terra! Mas o que vão colocar ao fundo? Qual o emblema de união? Um coração? Um coração, é só o que posso imaginar. Um grande coração fluorescente, neon, batendo... ah, consigo ver bem esse lábaro faiscante no firmamento, desbravando novos universos, levando além das estrelas, através da eternidade, o testemunho palpitante do gênio criador dos cidadãos de Cordicópolis e fazendo salivar de inveja todos os cantos da galáxia em seus discos voadores interestelares, os outros Smurfs do cosmos.

A tirania cordícola substitui muito bem, a meu ver, as velhas ditaduras combalidas e suas ideologias cansadas. O Consenso só critica o comunismo porque, enfim, o realiza. Não é apenas uma piada pronta a mudança de nome do partido comunista italiano, ou que o conceito americano ignóbil de "politicamente correto" seja abreviado PC. A coletivização se realiza, mas coloridinha e com música. Vejo esses dias como muito comunistas, mais do que nunca, embora seja menos demonstrável. Não comunistas visíveis, claro, Gulaguento, NKVDista sangrento. São brochomunistas,[*] se você preferir. Não serei eu, que dessa água nunca bebi, quem irá agora lamentar o fim vexaminoso dos marxistas, embora tenha havido, nessa história, nas profundezas de seu delírio, qualquer coisa de simpático, uma vaga brasa de execração pela qual, de tempos em tempos, escapavam fumos modestos de hostilidade, contra os endinheirados, por exemplo,

---

[*] Cocoonmmunistes, neologismo do autor — junta a ideia de molenga/bem acomodado/fraco/bem instalado/ bem satisfeito e comunista.

CORDICÓPOLIS

a burguesia, os empresários etc... mas, enfim, essa gente nunca foi minha família. Eles não foram os propulsores dos cordícolas, é preciso reconhecer. Eles provaram que é possível fazer a mesma coisa, buscar os mesmos fins coletivistas e gregaristas, realizar a mesma anulação da ideia de propriedade privada sobre todos os bens (não apenas os de consumo ou de produção, mas com alegria, com frescor, fora da violência física e dos banhos de sangue). O telecoletivismo filantrópico é um herdeiro mais dócil do despotismo comunista, bem como das afetações virtuosas de sua literatura edificante, suas pastorais de Aragon e seus idílios de Éluard.

Todas as cabeças são terras do MST.* O império do Bem retoma, sem mudar muito, vários traços da velha utopia: a burocracia, a delação, a adoração da juventude — e fazem cocô nas calças de medo dela —, a imaterialização de todo pensamento, o apagamento do espírito crítico, o adestramento obsceno das massas, a negação da História com reatualizações forçadas, o apelo *kitsch* do sentimento contra a razão, o ódio contra o passado, a uniformização das maneiras de viver. Foi tudo rápido, muito rápido. Os últimos pontos de resistência se dispersam. A milícia das imagens ocupa o lugar com seus sorrisos. Do programa das gordas teorias coletivistas, só ficam, ao fundo, alguns capítulos mais ridículos (a ditadura do proletariado é o que se destaca); o invariante permanece, é gregário e não corre risco de desaparecer. O blefe do grande retorno da chama do individualismo, em um mundo onde todas as singularidades são apagadas, é, enfim, um sonho — de padaria — jornalístico-sociológico que nunca deixa de me divertir. O indivíduo? Onde? Quando? Em qual buraco escondido desse globo idiota? Se todos pudessem ver como eu, de onde escrevo neste momento, os trezentos milhões de bois e

---

* No original: "Colcoz" – Fazendas coletivas da União Soviética.

vacas que se preparam neste momento para viajar de férias no verão, as pessoas pensariam um pouco antes de falar essas coisas. O indivíduo não está próximo de retornar, ele nunca existiu. Salvo como artefato, claro, como nos sinais de trânsito ou como assalariado nas pistas de esqui. Um dia desses, saindo de casa, descendo as escadas do metrô, vejo a enorme manchete de um jornal: "Às 20:00, a França vai parar". Ah, bom, tá certo, tudo bem, eles devem saber o que fazem... mas fiquei em dúvida e me aproximei do quiosque, porque nunca se sabe, talvez houvesse uma greve geral, talvez eu ficasse preso sem poder voltar. Chego perto, leio. Descubro que se trata de não sei qual partida de futebol que todos os franceses estavam intimados a experimentar *juntos* diante da televisão! "A França vai parar!" Todo mundo? Sério? A França inteira? Tem certeza?

Dois dias depois, cedinho da manhã, no rádio, uma nova ordem: "Hoje é o dia sem tabaco! Fumantes, esse será seu último cigarro! Acabou! Excomungados! A OMS está colocando o mundo em um regime sem nicotina!"

Mas quem é essa tal de OMS? Quando foi que perguntei alguma coisa a essa tal de OMS? Por que ela está se metendo, a OMS? Ela me perguntou alguma coisa, a OMS, antes de escolher as coisas da minha vida? Assinei um contrato com ela? E além do mais, ela se reúne onde, a OMS? O que é isso, uma seita? Um consórcio? Uma máfia toda poderosa? Um grupelho mundial anônimo? O verdadeiro nome do Big Brother? Todo mundo se felicita de tê-lo visto, ao longo dos anos do século XX, se desgastar debaixo de várias máscaras. Verdadeiro, enorme, sangrento. Big Brother? Protetor da natureza, Big Brother, e a saúde pública? Cheio de ofertas irrecusáveis, inchado de projetos irretocáveis? Mais coletivista do que antes, mas no bom sentido, dessa vez, no sentido da caridade?

VIII

Contrariando o ser

EM CORDICÓPOLIS, o consenso que faz a guerra contra cada indivíduo só pode aparecer como crível e desejável aos olhos do usuário que recebe as pancadas, e isso se ele for convencido de que esta guerra é travada para o bem dele. É daí que surgem as campanhas eternas por todo tipo de açúcar alternativo. Ilha misteriosa. Brinquedinho falso, parque com homens de cartolina, carrossel de luzinhas piscantes. Nossa "aldeia global" fervilha, como todas as aldeias, de madames insuportáveis, de fofoqueiros mesquinhos, mas para o Consenso se impor sem discussão era preciso camuflá-los em apresentadores e estrelas de TV ou em médicos sem fronteiras no meio de campos na Polinésia com fogueiras todas as noites.

Foi um grande erro não desconfiar quando vimos Abade Pierre, do movimento Emaús, ressurgir em uma das "mitologias" de Barthes, quando todos achavam que ele havia sido enterrado nos anos 1950. Com ele nos foram enfiados goela abaixo Madre Teresa,

O IMPÉRIO DO BEM

Coluche, Bob Geldoff, o açucarado Kouchner e todas as cabeças coroadas da cordiocracia dominante. Era o fim da era da análise, a morte da visão crítica, o começo de um novo mundo. "Se alguém quiser então fazer das questões morais a matéria de seu estudo, terá diante de si um imenso campo de trabalho", escrevia Nietzsche em 1882. Infelizmente, isso seria, hoje, uma empreitada das mais arriscadas. A história de fato cruel, de fato real, das faces da Filantropia, com sua natureza, suas crises, sua comédia de loucura doce ou furiosa, não sairá tão cedo, quem teria coragem de publicá-la, afinal de contas? O poder cordícola, depois de suas últimas conquistas, cresceu ao ponto de nem ser percebido. Só quem viu as mídias cantando o "grande vento de esperança do leste", "a vitória planetária da democracia sobre os bárbaros", para compreender que o triunfo que elas celebravam sobre as tiranias decadentes era, evidentemente, o seu próprio. Não era urgente que desaparecesse esse despotismo cafona que não apenas privava o povo de comida e de aquecimento, mas sobretudo de McDonald's, de Club Méditerranée e das novelas (duas horas de televisão por dia e uma única emissora na Romênia dos tempos de Ceausescu!)? É como um *happy ending* de série americana que o fim dos regimes comunistas toma seu real significado. O sangue derramado em Bucareste só lhe trouxe, no fim, a cor romântica que faltava e depois o conto de fadas seguiu. Lembro que a Revolução Romena se desenrolou na comovente história dos oitenta órfãos adotados por famílias francesas. O que mais me tocou, porém, foi, durante a queda do muro de Berlim, aquela jovem que correu para santificar o evento e deu à luz, ali mesmo, no meio da multidão que festejava.

Cordicópolis supera Yalta! E tudo termina com um brinde! "Em um ano, o mundo mudou mais do que em dez!" Como é coisa de publicitário, vocês podem achar que é bobagem. Também não que eu queira soar elevado demais, nem de revelar aquele reconhecimento

CONTRARIANDO O SER

torto que tenho por Ceausescu e os romenos que nos tiraram da prostração do Natal de 1989 e dos suplícios das festas de ano novo; como, mais tarde, apreciei em seu justo valor Saddam Hussein e sua invasão satânica, em plena tortura do mês de agosto. Um pouquinho de vinagre no meio de tanto mel... mas já chega. Na grande primavera cordícola, todos os lobos maus serão flores. Os últimos países, ainda atrasados, têm de ser vestidos em roupinhas de domingo para o Teleton até o fim do milênio, bem maquiadinhos, cheios de joguinhos educativos, de bebês focas, de alimentos não cancerígenos. Neste exato momento em que escrevo, o indivíduo que tiranizava a Etiópia já tinha um bom tempo deu no pé na surdina, sem nenhum alarde. É uma excelente notícia, claro, mas para além desse caso miserável, a lição é nítida: de hoje em diante qualquer um que seja pego em flagrante delito de não militância pelo Consenso será impiedosamente derrubado, liquidado e sancionado de maneira suja.

Como a realidade pode competir com tais sortilégios? Os eventos quase não existem, então é preciso que sejam espetacularizados. O verdadeiro estilo de época se mostra muito bem por meio das pseudomanifestações, por exemplo, que planificam incansavelmente os bons apóstolos das nações unidas: "jornada internacional das crianças vítimas de agressões", "jornada internacional da paz", "semana de solidariedade contra o racismo", "década dos transportes na África", "Segunda década da água potável", "terceira década do desenvolvimento".

Não estou inventando nada, estou citando.

O que é *A náusea* diante de uma criança que morre de fome?, pergunta o catecismo de Sartre. Nada, responde o eco fiel. Mas a multilateral cordícola sabe usar, na marra e muito além de qualquer náusea, as imagens das crianças mortas de fome. A vida é curta. Negócio é negócio e hoje, para fazer o dinheiro escorrer dos cofres, é preciso, ao menos, e em horário nobre, levantar uma mortalha de vez em quando, mostrar aos telespectadores um bebê da Somália que acabou de morrer de fome, por exemplo.

Eu poderia enumerar muitos casos, até em desordem, que se poderia pensar em um efeito artístico, caso ainda soubéssemos o que é arte. Mas esses fenômenos merecem mais? Eu os vejo chegar como querem, não os escolho, deixo-os passar. Eu esposo o caos desse mercado, dessa feira de sintomas coloridos. Eu queria canalizar, evitar os engarrafamentos, mas vocês queriam o quê? Tudo se precipita em um só carnaval onde não é possível triar nada, desde as "denúncias contra o dinheiro que corrompe", a "selva das licitações", "a máfia do mundo corporativo", até a televisão divinizada como "instrumento de diálogo" entre as gerações, integradora das classes sociais, agente da mistura democrática, da grande fusão *unissex* final, ao fim da qual só haverá uma única tribo planetária de consumidores assujeitados e despidos de ser, passando pelo corajoso engajamento dos jovens pela paz, pelas jaquetas da marca Machin, contra as drogas, pelos valores do hip-hop, contra a propaganda enganosa, contra a violência nas cidades e também nos desenhos japoneses.

É sempre a "moralidade". Tenho certeza de que Nietzsche estaria rindo no meu lugar das sempre grandes palavras moralizantes, do docinho de padaria da justiça, da sabedoria, da santidade, da virtude, do estoicismo de sempre na atitude.

"Considerar os males de todos os tipos como um obstáculo em si mesmo, como alguma coisa que se devesse abolir, eis aí a burrice por excelência, e, generalizando, uma infelicidade por suas consequências, uma idiotice funesta — quase tão burra quanto seria a vontade de abolir o clima ruim, por pena, por exemplo, dos pobres."

A piada sobre a abolição do clima ruim aparece toda noite na previsão do tempo, quando se antropomorfiza um anticiclone, se sataniza tal chuva diluviana, aquela falta de neve nos complexos turísticos de inverno, aquele verão escorchante, aquela secura inaceitável, aquela primavera gelada, tantas infrações que, com as luzes dos estúdios de televisão, tornam-se verdadeiros ataques à declaração universal dos direitos climáticos do homem.

Mas o sonho, aquele grande, é a abolição do tempo, a supressão consensual das humilhações da duração, da continuidade. Não existe mais a ideia de "ano", apenas uns meses amontoados durante os quais preparamos o grande fim de semana entre 1º de maio e 31 de outubro. O resto é um resíduo, uma negatividade a ser acabada, um tipo de arcaísmo meteorológico do qual é urgente se desfazer.

Como o gosto do dia, a estética da época não seria também alterada? Os maus sentimentos não representam, talvez, garantia para uma boa literatura, mas os bons, por outro lado, são infalíveis para fazer perdurar, para desenvolver e embelezar tudo o que se puder imaginar de mais falso, de mais grotescamente meloso, mais imundamente *kitsch*, mais pré-rafaelita, mais romântico apático, mais vitoriano populista que jamais desabou sobre qualquer público. A realidade não se sustenta sob o vento caritativo. Um verdadeiro romancista, hoje, seria tratado como os emissários portadores de más notícias: condenados à morte imediatamente no envio do manuscrito. Por isso não há mais romancistas. Porque qualquer um que ouse ir a fundo do que se apresenta, será fatalmente o portador de notícias assustadoramente desagradáveis.

A literatura? Mas nós já não temos as feiras e festas do livro?

O espírito do tempo busca tudo o que une. Não há nada mais repugnante que essa pecha obscena por convergências. Vivemos embaixo de uma arrogância puritana como raramente se viu, talvez antes de 1789, quando se fazia a invocação da vida rústica, quando se construíam templos da Amizade e da Boa Vontade, quando Rousseau ou Bernardin de Saint-Pierre pregavam o amor da vida selvagem, um pouco como Michel Serres faz hoje, a religião dos lugares naturais e a quarentena, como infiéis, daqueles que jogam papel sujo no chão (quem não tem religião não pode ser dito ateu, mas negligente)... Ah! Esse impagável contrato natural supercordícola de Serres, o Alphonse Daudet da nova epistemologia midiática tomada pela sanha ecológica. A bobagem conceitual tornada acadêmica. Todo o pensamento, toda a filosofia do mundo asfixiadas em um só calamitoso efeito de Serres! Tudo reduzido a essas neocartas do meu moinho.*

O inferno contemporâneo está pavimentado de boas devoções que seriam muito agradáveis de se pisotear. É um crime contra o espírito, uma deserção gravíssima não tentar, dia após dia, estripar essas calhordices. Não dizem por aí que as pessoas só acreditam no que veem na televisão? Pois muito bem, o papel da literatura sempre foi mesmo o de fazer demolir aquilo que todo mundo diz. Se ainda houver literatura, se ainda houver escritores, em vez de "autores", em vez de "livros", poderemos talvez nos divertir. Toda empreitada de envergadura sempre foi, nessa área, francamente desmoralizadora, destruidora de pastorais. Vejam as idiotices da cavalaria pulverizadas por Cervantes, ou a quimera religiosa no ponto mais alto de sua hegemonia acossada impiedosamente por Sade, ou os religiosos hipócritas por Molière... não, nenhum grande escritor jamais aceitou, não importa quais sejam os perigos ao abdicar da constatação da realidade de uma sociedade pela apologia das necessidades dela.

Alguns enganam muito bem. Avançam vestidos da mesma piedade que desejam derrubar. Sorridentes, açucarados, parecem falar a linguagem do inimigo, transpirar seu ideal, eles o enfraquecem lentamente, por dentro, na verdade, por manobras viciosas e suaves, eles o minam com doçura. Aos idílios desarticulados pelo riso

---

* *Lettres de mon moulin*, no original, obra mais famosa de Alphonse Daudet, publicada em 1869. Entre outras coisas, apresenta o interior da França de maneira bucólica e terna. (N. do T.)

CONTRARIANDO O SER

de Dom Quixote respondem por mim, em surdina, por exemplo, os contos de fadas desviados, as *nursery rhymes* apropriadas para o riso de Lewis Carroll. Não é, certamente, a mesma tática. Sempre me pareceu flagrante que o *nonsense* de Carroll roesse, como uma espuma ácida, o xarope da religião universal poética e pedófila, que foi o berço para essa província do Consenso.

Infelizmente tudo vai muito mal. Contrariar não é algo que agrade ultimamente. Haveria, para nossa tristeza, outros Projac.[*] Todo dia! A vídeo feira da caridade! A teletonização do mundo! A paisagem caritativa francesa! O baile global dos cordícolas!

Resta a você a vergonha da escolha.

Olha só, vamos voltar cinco minutos, em um episódio esquecido, velho como a guerra dos cem anos, minúsculo, mas instrutivo... o desgosto com a realidade, com os "fatos" que são já insignificantes por si mesmos, desconsiderados logo de partida. Deixo, como disse Stendahl em algum lugar: "Percebo as idiotices porque para mim são descobertas."

Redescubramos, então, cinco minutos, esse episódio de antes do dilúvio, a tentativa estatal, na França, alguns meses atrás, de se passar uma reforma ortográfica.[**] Teria sido necessário um talento analítico do qual os adversários desse golpe estavam medularmente desprovidos, ai!, para mostrar a baixeza infinita da ideologia subjacente a essa canalhice abortada. Não seria necessário um

---

[*] No original: *Boulogne-Bilancourt*, lugar famoso da produção televisiva francesa. (N. do T.)

[**] Em outubro de 1989, Michel Rocard, então primeiro-ministro, criou o conselho superior da língua francesa, cujo objetivo era aconselhar o governo sobre "questões relativas ao uso, controle, enriquecimento, promoção e difusão da língua francesa na França e fora da França e à política relativa às línguas estrangeiras". As observações ortográficas foram publicadas no Diário Oficial do dia 6 de dezembro de 1990; oficialmente, elas são recomendações, não são obrigatórias. (Nota do editor francês.)

grande dom, nenhum grande esforço, se quiséssemos descobrir a ponta do nariz do Inimigo Cordícola que estava atrás dos melhores argumentos. O que dizia o "reformador", a quem ninguém tinha perguntado nada? Que era preciso acabar com as incoerências. As incoerências, as exceções. A exceção em si. Ah, pronto, chegamos! A exceção, adversária mortal da norma. Que impede a simplificação; nivelar a língua até os ossos com o objetivo de "diminuir a evasão escolar" e sobretudo, na perspectiva da grande batalha do futuro: "a industrialização informatizada e a tradução automática por computadores." Nada mais declaração-dos-direitos-do-homem que isso. Nada que seja mais para o interesse geral. Nada de mais simpático liquidando os absurdos do passado. O Bem contra o mal, sempre. Um só mundo, uma só música, um só esperanto purificado, um só modo de comunicação enfim utilizado por todos, acessível a todos os escravos, para além das divergências e conflitos. Nada mais de acordo com essas *tags* epidêmicas pelas quais milhares de desconhecidos afirmam, após alguns anos, seu direito legítimo a se exprimir, a saírem juntos e anonimamente da massa dos anônimos. La Fontaine está ultrapassado; no zoológico cordícola de hoje, as rãs diminuíram para se fazerem mais gordas que as outras; como já não há pavões faz muito tempo, os corvos só conseguem se diferenciar dos outros usando penas de corvo mesmo.

IX

Colorizações

O QUE É FUNDADOR EM CORDICÓPOLIS são todas as almas idílicas, as quais acreditam que podemos ter o Bem sem mal, o tigre sem garras, a língua francesa sem seus arbustos de espinhosas incoerências, sol sem chuva, carro sem poluição, televisão sem propaganda, eventos de massa sem lixo, química industrial sem chuva ácida. Cerveja de graça. Até sonhar um Céline sem suas *bagatelas.*[*] Um Céline que "pensasse correto", como li em algum lugar por aí. A reconciliação dos contrários. O paraíso sem queda. O faniquito enfim reconhecido, estabelecido em todos os seus direitos e sem nenhuma contrapartida. Eis a utopia dos bem-pensantes, o ideal da ultra-doçura planetária, chega de gorduras, chega de colorante, todos os objetivos agora são *superlight*, sob os disfarces da Virtude. Esses

---

[*] Bagatelas para um massacre – panfletos antissemitas escritos por Céline e publicados em 1937. (N. do T.)

esquetes de costumes que chamamos de "debate político", somente organizados entre representantes de tendências perfeitamente intercambiáveis, entre democratas-abertos-antiestatais-humanistas, por exemplo, e republicanos-moderados-centralizadores-humanistas. É delicioso vê-los discutir, fingindo se contradizer, enquanto o que eles querem, como todo mundo sabe, é consolidar o "terreno comum", aquele da confusão geral, a única garantia da "verdade". No fim, como nunca disse Stalin, é o Consenso quem ganha.

Em outro campo, o da estética, uma das últimas campanhas um tanto violentas de que me recordo, opondo visões de mundo aparentemente irreconciliáveis, remonta ao pequeno caso das Colunas plantadas no Palais-Royal.* Depois vieram outros grandes projetos, a ópera-Bastille, a pirâmide no Louvre etc. Tudo passou como se tivesse vaselina. Sem confrontos, sem condenações, com uma neutralidade benevolente. Quem ousaria, em plenos dias atuais, dar-se ao ridículo de ter cólera? De uma sanção, em palavras que fosse? Julgar é consentir em ser julgado. Quem aceitaria algo assim hoje?

No fim, ganha o Consenso. O espaço estético ou artístico é um excelente campo para verificar o que estou dizendo. Toda a história recente da arte, sob a iluminação grandiosa do reino dos bons sentimentos, é muito instrutiva. Se aquilo a que chamamos arte contemporânea pode ainda fingir que existe, é unicamente como consequência do martírio dos impressionistas. Em reparação. *In memoriam*. Em expiação de um grande pecado. Seja mínima, conceitual, antiarte ou extremamente contemporânea, o artista de hoje

---

* As colunas de Buren são uma série de colunas em diferentes tamanhos colocadas no pátio do Palais-Royal pelo Ministério da Cultura da França em 1986. (N. do T.)

sobrevive, sempre, como espécie protegida, como resíduo de caridade. Uma terrível gafe foi cometida no tempo de Van Gogh, de Cézanne, e é preciso continuar pagando a dívida contraída naqueles dias. Sobretudo não recomeçar, não refazer as mesmas burrices, não repetir os mesmos erros. Depois de décadas de multidões furiosas bufando diante de Courbet, de Manet, dos cubistas, bruscamente mais nada, sem críticas, sem clamor, sem revolta, sem escândalos. Tudo se acalma de uma vez, as galerias prosperam, a criatividade dos artistas nunca esteve melhor, tudo certo, os grandes bancos investem na emoção colorida, os Estados se unem, as vendas recordes se multiplicam, o mercado se extasia, é o fim das hostilidades. Chega de a favor e de contra. Ninguém mais.

Os preços estão altos apesar de não haver críticos? Não, eles estão assim porque a noção, a possibilidade, o desejo mesmo de criticar desapareceu; porque ninguém hoje se cansaria para glosar uma obra de arte contemporânea.

Na euforia cordícola, quem perderia tempo fazendo beicinho para não ter mudança?

A trapaça do diabo, diz Baudelaire, é fazer as pessoas acreditarem que ele não existe; a trapaça contemporânea é que a gente nem mesmo pergunta. Quer essas coisas existam ou não, tanto faz.

Além do mais, quem iria se arriscar a querer demonstrar a beleza do que está no mercado? O negócio é vender!

Quanto mais a Filantropia se expande, mais o leque se fecha, mais as distâncias diminuem e os espaços se fecham. As nuances da paleta se afinam, todas as situações são colorizadas... no fundo era bem disso que se tratava aquele golpe de estado contra as irregularidades da ortografia: uma colorização geral pelo interesse público. Para o seu bem. Porque ele vive melhor a vida que lhe for retirada.

O IMPÉRIO DO BEM

Tudo entra no espremedor de frutas coletivista. Chega de privilégios estéticos! Que o global absorva o local! Que o geral engula o particular! O público subsome o privado! Que o singular desapareça no mugido do rebanho! Um só pincel para todos os gostos! Um arco-íris de uma cor só, uma só colorização, pingando, escorrendo, como os americanos que descobriram depois de uma eternidade que eles não têm a menor chance de entender nada dos filmes (e qualquer coisa que não seja dos EUA) se eles não tiverem o cuidado de colorizá-los antes de assistir; ou melhor, no caso das produções estrangeiras, se não refilmarem tudo para a sua conveniência.

Nos EUA (uma das províncias mais ricas e vastas de Cordicópolis), não é só impossível fazer o público ver filmes legendados, mas até mesmo fazer com que saiam de casa para espetáculos estrangeiros dublados. Se alguém quiser lotação esgotada, tem de refilmar tudo, retraduzir tudo em paisagens americanas, com intérpretes americanos e movimentos de câmera americanos.

É como se um francês só aceitasse ver *Crime e castigo* se o cenário fosse em Dijon, porque ele nunca foi a São Petersburgo. Ou se Faulkner só pudesse ser compreendido se colocássemos suas histórias nos pântanos de Poitou.

Olha só esta história que aconteceu com *Amarcord*: Fellini filmou uma descida de trabalhadores em uma fossa séptica. Os distribuidores americanos disseram que o público não iria entender porque não existem fossas assim nos EUA. Fellini retirou a cena.

Evidentemente, colorizar filmes antigos ou trazer outros mais recentes em cenários da Pensilvânia, suprimir planos, mudar outros, é melhor do que queimar livros em Berlim, no melhor estilo dos anos 1930, não venham colocar palavras em minha boca. Vocês não me verão derrapar no antiamericanismo primário. Isso

COLORIZAÇÕES

seria má-fé e combinaria com Duhamel,* o corrupto, o grotesco. Não vou atiçar o vespeiro desse tabu. O que existe, porém, de curioso é que são os mesmos que agitavam, quinze anos atrás, o espantalho do anticomunismo primário e hoje não querem que a gente se mostre antiamericano primário. Sua paixão fóbica pelo primário nos daria vontade de buscar, em sua prosa imortal, o que teriam a nos propor de secundário ou terciário. Deixa para lá, eu vou seguir. Quanto aos EUA, a maioria finge imaginar que se trata de atacar vigorosamente, como há sessenta anos, os invasores de *Wall Street*, o materialismo *yankee* ou os fabricantes de *corned beef.* Eles gostariam que todos se convencessem de que aquilo pôde ser verdade um dia, e que assim o será para toda a eternidade. Se eu tivesse mais espaço, não me importaria de relatar meus sentimentos quando descobri o novo mundo. Eu iria de novo, sem problemas. Devo boas reflexões a essa travessia da Disneylândia. Impressões indeléveis... nos dois hemisférios não sei se podemos encontrar nada mais sentimental, mais harmônico, mais xarope consensual, mais oculto-coletivista, mais prêmio de Virtude, mais espiritualófilo, mais morte instantânea, mais tetanizado de boas intenções, em resumo, mais cordícola e menos erótico. Mas não fui a todos os lugares, nem quero ficar insistindo. Nós nos tornamos todos americanos, está bom assim, perfeito, não demora teremos de nos colorizar também, para gostarmos de nós mesmos.

Em sua bufonaria assustadora, o programa da nova ordem do pastor da Casa Branca traz ideias similares, mas em escala planetária. O programa consiste em traduzir para o inglês todos os países

---

* Refere-se a Olivier Duhamel, intelectual público e cientista francês, social democrata do partido socialista e ex-deputado do Parlamento Europeu, foi acusado de abusar sexualmente de seu enteado. (N. do T.)

medianos. Sem isso, tudo permanecerá aos olhos dos habitantes dos EUA, como um tipo de vasto Sul inquietante de antes da guerra de secessão, um imenso *Deep South* cheio de possíveis ameaças, um território vago, indefinido, fervilhando de maltrapilhos, maltrapilhos europeus, maltrapilhos árabes, maltrapilhos latino-americanos, uns piores que os outros, mais degenerados, mais sujos, mais preguiçosos, mais incompreensíveis, enfim... sobretudo incompreensíveis. E depois culpados, certamente. Sempre suspeitos de qualquer torção na religião consensual. Que devem, então, ser legitimamente castigados para o seu próprio bem a golpes de McDonald's virtuosos ou de bombas de depressão.

A pequena "Guerra do Golfo"? Uma pincelada de verniz sobre um fundo médio-oriental. Um tapete de bombas aéreas sobre os mistérios da "alma árabe". E depois acabou, pronto. Não venham criar caso. É claro que eles poderiam ter refletido, se informado, perguntado em vez de escolher a solução colorizante... Poderiam, talvez, ter tentado meditar, por exemplo, a respeito desse trecho de um sociólogo iraquiano, Ali el-Wardi, descrevendo a mentalidade de seus compatriotas; talvez descobrissem entre eles e seus adversários do momento algum traço de surpreendente parentesco:

"A personalidade do iraquiano compõe uma dualidade. O iraquiano é marcado mais que os outros de ideais elevados aos quais apelam os discursos e escritos. Mas ele é, ao mesmo tempo, um daqueles que mais se afastam desses mesmos ideais. É um daqueles que menos observam a religião, mas é um dos mais profundamente afundados nas querelas sectárias... existem dois sistemas de valor no Iraque. Um encoraja a força, a bravura e a arrogância, todas qualidades do herói conquistador; ao lado desse, vive um outro sistema que acredita no trabalho e na paciência... o povo iraquiano é conhecido como um povo de discórdia e de hipocrisia... mas o iraquiano não é fundamentalmente diferente dos outros homens. *A diferença reside no pensamento idealista. Ele elabora princípios que não consegue colocar em prática e busca fins que não consegue alcançar.*" (O itálico é meu, evidentemente.)

É preciso, porém, entender os americanos, sua sensibilidade, sua fragilidade, seu horror de serem expatriados... Eles têm muita dificuldade em aceitar que possa existir alguma coisa além daquilo que conhecem, são, então, forçados a colorizar na marra tudo o que se encontra fora das fronteiras do império, na esperança de apagar a causa de sua ignorância.

E outra: se pudéssemos, não agiríamos diferente. Estamos reduzidos a imitá-los em grau menor, em futilidades. Não há nada para se orgulhar.

X

Arte Pompier*

LEVANTAI-VOS, PESQUISAS DESEJÁVEIS! Graças a vós, o Um definitivamente será julgado pelo múltiplo. O obscurantismo coletivo cobrirá para sempre o individual. O poder da opinião pública das mídias suplanta com mão de ferro todas as potências. O governo ideal do povo, pelo povo e para o povo se realiza por meio da mais pura, da mais eficaz, mais "limpa" de todas as cruzadas jamais lançadas contra as miseráveis exceções. Sob os gráficos, os números, os índices estatísticos, a dúvida, o jogo e a ironia são engolidos como foram os antigos atlantes. Mais um pouco de esforço e tudo vai acabar, a nivelação final das mentes estará completa.

Esperamos o golpe de misericórdia europeu, e do jeito que as coisas andam, não vai demorar muito. Chega de "bem-estar individual",

---

* Tendência artística do século XIX, sobretudo na pintura francesa, bem aceita por galerias e compradores de então, em demérito de outros estilos, como os impressionistas. (N. do T.)

como dizia antigamente Sieburg. A iminência de uma Europa unida será o agora ou nunca para caçarem nossos últimos "vícios privados". Vamos ter que nos mexer se quisermos participar da fogueira. A televisão europeia já começou, os tecnocratas estão lambendo os beiços. Vamos começar agora, chega de caprichos! Vamos nos reeducar! Adestramento! Chega de fantasias! Os franceses têm coisas demais para reaprender! Os observadores estrangeiros são os mais bem-intencionados e não param de nos matraquear. Deveríamos, talvez, escutá-los um pouco, parar de achar que somos tão bonitos na frente de nossos espelhos, perceber, enfim, o peso que temos lá fora, o que valemos realmente, o que dizem de nós, de nossa pretensão insuportável, nosso passado mais do que suspeito, nossos artistas invendáveis, nossa literatura miserável, nosso presente sem futuro...

Acabou de vez a arrogância! Não existem, em Cordicópolis, alunos piores que os franceses, mais intratáveis, mais indisciplinados... em todos os campos, verdadeiros sem talento... incapazes de dirigir corretamente, sempre vinte e cinco metros para trás e no trabalho verdadeiros porcos... os japoneses de hoje, como Sieburg, no passado, nos descrevem como egoístas, criadores de caso, doentiamente xenófobos (eles falam tudo numa puxada de ar só), indisciplinados, cínicos... espalhando nossas diferenças aos quatro ventos no lugar de buscar o consenso... gritando conosco o tempo todo, em todo lugar, por qualquer coisa, no meio das calçadas cobertas de cocô de cachorro... "incentivados desde a escola", continuam eles, "a exprimir suas opiniões pessoais" (ah, se fosse verdade!)... e, pior, atrasados! Acima de tudo! ATRASADOS! Ah! O atraso atroz dos franceses! Essa lentidão para evoluir! Essa apatia! Mas que merda isso rendeu ao longo dos séculos? "A França está muito atrasada em relação à Alemanha para a inclusão de pessoas com deficiência na vida profissional..." A gente escuta essas coisas todo dia da boca dos cordicocratas. "A França está muito atrasada em relação à Grã-Bretanha (ou à Irlanda, ou a Bangladesh) na questão das mulheres na política." Uma dia desses vi uma jornalista inconsolável dizendo que a França estava atrasada em relação à Holanda na questão da "imagem dos homossexuais nas mídias" e que isso provinha, como quase todas as nossas carências, de nosso infernal atavismo católico (porque quem diz católico, diz individualista, e quem diz individualista, diz resistência ao paraíso dos *lobbies*, das comunidades, de todas essas associações e conglomerados que tomaram tão bem o lugar do antigo, vulnerável demais).

Pois pronto! A França estava atrasadíssima sobre a imagem dos homossexuais nas mídias.

Nas mídias, logo, no mundo, porque só existe esse também! No mundo, logo, nas mídias. A crença geral é a de que só as imagens são capazes de nos conferir uma aparência de ser, a vida dos homossexuais é ruim, porque o seu lugar nas imagens não é suficiente.

Na mesma ordem das ideias, não é raro escutarmos os cordicocratas se maldizendo porque, ao contrário do que os EUA fizeram com sua guerra do Vietnã, a França quase não fez filmes sobre sua guerra na Argélia, o que significa, concluem em linha reta, que essa guerra não existiu.

"A França está muito atrasada com relação aos EUA na questão de como tratar cinematograficamente seu passado colonial."

Aprofundar esse atraso da França com relação a EUA, Alemanha, Japão, Holanda em todos os campos imagináveis, parecia, a mim, uma perspectiva interessante, mas não quero insistir. Deixa pra lá. Já são temerárias o suficiente essas confidências. Avançar mais seria suicídio. Dizer o que se pensa tornou-se perigoso, ainda que em âmbito totalmente privado. Tudo o que não puder ser exposto publicamente no alto de uma montanha, não deveria nem mesmo ser pensado. Nos teledebates, a fórmula padrão para parar em pleno voo, para frear qualquer um que esteja a ponto de soltar qualquer coisa de muito vagamente não alinhada, de muito obscuramente não consensual, de muito vagamente não identificável (e a essa categoria pertence tudo o que não vem do coletivo para retornar a essa fonte o mais rápido possível) é a seguinte:

"Ah! Tudo bem, mas só você acha isso."

Você, uma pessoa só, ou seja, na real, ninguém. O império do bem torna-se o império do tem.

O papa? Quantas divisões tem?

Alguém ainda pode falar em seu próprio nome? Dar uma opinião que não vai engajar senão a si mesmo? O despotismo obscuro dos cordícolas se constrói em cima da hipótese de um gregarismo infinito, definitivamente aceito e totalmente invisível. Qualquer ideia suficientemente heroica para tentar se destacar e se fazer conhecida em Cordicópolis está, *a priori*, em dívida com a comunidade, a qual tem o direito de pedir contas a quem deseja se expressar. O indivíduo, de sua parte, percebe imediatamente que nem de longe pode falar tudo o que quiser, porque ficam planando por sobre a sua cabeça duas enormes câmeras de espionagem, o Bem Comum e a Opinião Pública, e se supõe que ele tenha assinado, para toda a eternidade, um pacto de ferro, um contrato de sangue.

Jamais fomos menos livres e por razões que Giono, por exemplo, começou a entender já nos anos 1950:

"A cada instante é preciso dizer: falei das pessoas com camisa azul, mas as pessoas com camisa azul têm jornais, bancos, mentirosos profissionais e até assassinos. Atenção, você fala pelo prazer de dizer aquilo que pensa, e eles vão enfiar o que você pensa pela sua

ARTE POMPIER

goela abaixo. É aquilo que escrevemos com prazer, porém, que faz avançar o espírito."

A espécie é tudo, o particular não é mais nada. A ideia de que uma obra de arte ou um livro seriam uma propriedade privada (inicialmente de seu autor, depois de quem a compra ou contempla) e que nada daquilo que se escreve, pinta ou pensa é da conta de nenhuma coletividade, mas somente, e em cada caso, de uma pessoa: a pessoa que olha, que lê, que compreende (sejam quais forem seus nomes), hoje está fora do horizonte, se é que algum dia não esteve. A não ingerência radical nas questões internas de um livro não é para amanhã, nem para depois de amanhã. A opinião é a rainha do mundo, dizia Voltaire, a quem Sade, em *A nova Justine*, completava desta maneira: "Como toda rainha, seu poder não seria uma convenção, sua autoridade não seria arbitrária?" Para logo acrescentar: "Não há nada mais desprezível no mundo do que o preconceito e, sendo assim, não seria a opinião algo que mereça muita defesa?" Sem dúvidas, mas, hoje, quem ousaria? Se hoje em dia não existem mais escritores "engajados", como se vomita por aí, é exatamente porque todos eles o são, na marra ou não, sabendo e querendo ou não. E bem baratinho. "A cadeira de Sartre está vazia!", fingem se alarmar aqueles que olham para o mundo e só enxergam lugares e cadeiras... Na verdade, em Cordicópolis, o único tipo que existe são Sartres que se amontoam para dourar todas as pílulas, sartrezinhos minúsculos, ainda mais malfeitos que o original, engajados nas boas causas e tão numerosos que a gente nem vê.

"Mas nós temos o direito de dizer qualquer coisa? De escrever qualquer coisa? É possível que absolutamente tudo seja publicado?" Partisan como sou da privatização fanática e integral das obras e ideias, vocês podem imaginar como essas questões atrapalham minhas noites de sono. Mas, enfim, outras se colocam: é permitido a alguém colocar em uma boa luz o uso de drogas? Começa a gritaria. Claro que não! O interesse geral proíbe! O consenso está de olho em você! Cada morte por overdose será creditada a você! Somente a busca do bem comum está autorizada. A filantropia apostólica é a poesia única deste fim de século, a harmonia é seu lirismo. Como sabemos, não existe visão mais repetida, seja nos muros ou nas telas, que aquelas de lugares desertos (pureza, virgindade, inocência original) e aquela das águas (idiotice da imanência aquática). Quando um filme vai mais fundo (*Bagdá Café; Imensidão Azul; Sexo, Mentiras e Videotape*) é sempre porque, de uma maneira ou de outra, ele prestou homenagem ao pompierismo do espírito de grupo, ao ideal de concordância, ao coletivismo rosa-bebê que abre o novo milênio.

O Bem sempre tem respostas para tudo e, ao final, os mentirosos são punidos. O paraíso desce ao deserto, os maridos infiéis perdem ao mesmo tempo suas esposas, suas amantes e seus empregos, bem feito, para aprender! Estávamos errados o tempo todo, o mal é solúvel em xarope.

"Não escute jamais o seu coração, criança, é o guia mais falso que a natureza nos deu." Nada é mais contrário às novas tendências que esta exortação de Dolmancé. Do mesmo modo, nada parece mais fora de moda que esta confidência de Flaubert:

"Não acredite que a pena tenha os mesmos instintos do coração."

Flaubert, Sade, pobres cínicos ultrapassados! Como vocês hoje dão pena! Como suas exibições ingênuas de pretensa lucidez fazem sorrir os anunciantes, distribuidores, produtores e criadores de imagens consoladoras! Quanto mais as diversas técnicas, biociências, tecnologias etc., assolam o mundo a nossa volta e trabalham para fazer toda moral impossível, tanto mais os discursos devem camuflar esta assustadora realidade com um entusiasmo redobrado.

ARTE POMPIER

Os homens do espetáculo se entregam sem parar a uma gigantesca empreitada de idealização alucinada. As mulheres feias serão mais desejadas que as belas, porque eles estão dizendo isso para você, então é verdade... um empresário riquíssimo e branco vai se apaixonar perdidamente por uma diarista negra e pobre... as lágrimas, o amor, a paixão, a generosidade, as efusões sentimentais nos anunciam uma idade de ouro iminente. Mas essas fábulas caritativas não têm nada a ver com a vida real, não é? De fato. Mas e daí? O que vale é a intenção; a intenção vale pela ação, chega até a superá-la grandemente. É preciso saber acariciar o coração das populações. O vale-tudo filantrópico é permitido para se recolonizar a vida. A cada dia milhares de cobertores escaldantes e toneladas de produtos contra congelamento são derramados pelas associações humanitárias nos rincões mais tórridos. Montanhas de laxativos e himalaias de creme de emagrecimento são lançados generosamente por erro nos esfaimados do fim do mundo. Fazer o quê? É melhor do que nada, a intenção! Eu já disse para vocês, a intenção! A mina de ouro do Sentimento!

Nenhuma palavra é mais eficaz em nossos dias do que "paixão". "A paixão sempre tem razão" diz um *slogan* recente de não sei qual produto. A paixão em primeiro lugar é o direito mais imprescritível do homem. Quanto mais o *Business* reina, quanto mais ele gira em volta do próprio vazio, com o único propósito de crescer absolutamente sem fim, tanto mais o lirismo cordícola deve triunfar em sua superfície, vestir a realidade, camuflar os piores tráficos, nublar todas as intrigas, fazer passar a nova ordem mundial como se fosse uma ordem divina. Para a sociedade pós-industrial, psiquismo pastoral obrigatório. Fumaça de dólares para o real, apitinhos da Arcádia para o imaginário. Mais imorais são os senhores, e

O IMPÉRIO DO BEM

ainda mais parecem ser acima de qualquer suspeita para que aqueles que os imitam tenham intenção de não fazer o que eles fazem, mas de reproduzir o que simulam. O bolinho confeitado cordícola está a serviço do *Business*, não contra ele. "Papo moralista não! É pose e dissimulação! Todos os canalhas de merda são moralistas! Quanto mais escrotos, mais ficam de conversinha." Nunca vou parar de citar essa passagem de *Mea Culpa...** sim, são sempre as piores imundícies que são açucaradas com tiradas poéticas. Acontece que só se enxergam as tiradas poéticas.

Na superfície, é a aurora de todos os mágicos. Evidentemente, uma breve visita à sala das máquinas no subsolo nos ensinaria muito a respeito de mecanismos e de controle remoto, programação eletrônica e marionetes sem fio. Infelizmente, essa área não está aberta ao público; e o que não é público não existe. Na superfície, é a Festa. Aproximem-se! Eu repito! Não tenham medo! Vamos! Abram as carteiras! As atrações estão só começando! Todas as diversões são higiênicas! Sem nicotina, sem alcatrão! Todos os nossos valores são para não fumantes! O tobogã gigante! Todo mundo para a água embaixo das bananeiras, a ilha inflável! A lagoa das fadas! O barzinho polinésio com piano-bar e déco de coqueiros! A *virtue world corporation* irá satisfazer suas necessidades! Não penem mais! Seu coração se expande e se derrama livremente! Sim, a paixão sempre tem razão. A mística da espontaneidade continua sendo um dos sentimentos melhor partilhados pelos habitantes de Cordicópolis, onde acreditamos mais do que nunca que o amor procede sempre de um desejo desinteressado e onde, apesar da antipatia geral por atos de violência, os crimes "passionais" são punidos

---

* Obra de Louis-Ferdinand Céline. (N. do T.)

ARTE POMPIER

com bem menos severidade que aqueles que foram preparados friamente por um longo tempo.

Matar por dinheiro, por interesse, é sórdido e inaceitável, mas matar sob o império da paixão, na onda de humor de um momento, no fogo da inspiração, aí sim, é defensável. O legislador é romântico também, ele acha no coração razões que não encontra no cérebro, porque o coração é coletivista por natureza, solidário, segue um ritmo comunitário e alegre; enquanto o cérebro, ah!, sabemos bem, o cérebro, infelizmente, coitado, é sempre mais ou menos fractário, dissidente por vocação, maldosamente seccionista, antipático e por aí vai. É inútil, então, procurar chifre em cabeça de cavalo ao se tentar encontrar, por exemplo, as causas da "hostilidade" que sempre cerca os "intelectuais". Ela começa já dentro da lei; o ódio feroz contra todo o pensamento, contra toda a possibilidade de crítica, de toda veleidade negativista. Irrefutavelmente lá, no código.

XI

Os condenados do Éter

ESTA É TAMBÉM A RAZÃO pela qual nosso país das maravilhas tornou-se o reino da música. Pura efusão, a música. Embriaguez, liberdade, inocência... Existe alguma coisa mais simpática que a música? O que pode ser um maior trato de união consensual, apenas orquestral? Sim, é exatamente o que precisávamos para acompanhar este fim do mundo. Mas confesso que não sei por qual razão nossos mestres decretaram uma festa da música, como se, em Cordicópolis, tudo não fosse uma eterna serenata obrigatória e diária. Como se nossas cidades não tivessem todas se tornado, em seus recônditos mais secretos, seus menores cantos, nas mais protegidas torres de marfim, gigantescos auditórios, salas de concertos perpétuos. Este mundo está desmoronando em um grande festival, com orquestra e dança.

No outro, eu ainda vou me lembrar desse barulho inútil de fundo, desse estrondo ruidoso que não acaba nunca, dessa música persecutória que invadia as minhas janelas, subia aos borbotões me

O IMPÉRIO DO BEM

procurando, lançando-se contra os muros, rebatendo na minha mesa de trabalho, escorrendo sob os papéis, visando diretamente os neurônios, sem nem chegar aos tímpanos, como se uma única gravadora internacional, uma só multinacional do som tivesse orwellianamente tomado posse da totalidade do gênero humano. Como se uma única mesa de som gigante batesse maniacamente como o coração imperecível e autônomo da nova realidade.

A *big band* sistemática em todas as partes, a senzala da melomania. Não sou inimigo da música, não pensem isso... Lembro-me do que disse Nietzsche, que a vida sem música seria um erro e um exílio; porém, a cada vez que um sujeito, a dez apartamentos do meu, liga no máximo seu sistema de som hi-fi para partilhar comigo seus gostos, para dividir seu torpor, para colocar-me em uníssono com ele, a cada vez que os amplificadores berram e me atingem como um soco, eu me pergunto se Nietzsche, em meu lugar, manteria as suas mesmas opiniões de 1888.

Uma enorme mancha negra besunta os litorais do mundo. Todos os dias, gente que nunca toleraria que se fumasse em suas narinas empurra suas preferências em nossos ouvidos. Os cordicólatras são melômanos infatigáveis. A única música que existe é aquela que se escuta em grupo, não querer escutá-la, porém, não apenas não está previsto, mas seria como não aceitar o que se oferecia nos camarotes de maior luxo. Baterias de bárbaros, sintetizadores, assassinos Larsen,* CDs de trilhos terminais, seus abafadores direcionais são verdadeiras armas.

É muito cômodo usar a música para nos converter. É admiravelmente concebido para que você pareça *cool*, simpático, comunitário,

---

* Refere-se o autor ao fenômeno acústico de ressonância conhecido como efeito Larsen, utilizado pela indústria fonográfica. (N. do T.)

harmônico. Isso apaga todas as sombras e as críticas. Afoga bem as reticências embaixo da excitação pasteurizada. Ajuda a fazer passarem as farsas, também. O alto general americano, cujo nome prefiro não lembrar e que dormia, todas as noites, no deserto da Arábia Saudita, ao som terrivelmente *new age* do chilrear de pássaros que lhe haviam gravado em cassete.

Existe hoje alguma coisa mais alucinatoriamente consensual que a *Fête de la Musique,* não sei que noite dessas de junho? A festa do livro, talvez? A "fúria de ler"? As ruas pela arte? Tudo aquilo que se esforça para te convencer que a cultura é linda, é chique, e que o cinema é a vida, e que a poesia te ama e que o teatro te espera e que a pintura tem tudo a ver com você...

Atravessar a França no verão, com anúncios de festivais por todo lado, nos buracos mais patéticos, sob o sol mais escorchante: eis uma verdadeira viagem de ficção científica através dos horrores do otimismo, uma descida aos mais profundos segredos da bufonaria cordícola de massa. Eu vi o gênero humano de férias, poderia dizer Chateaubriand, lembrando os dias da revolução. ("O gênero humano, de férias, passeia pela rua, desembaraçado de seus pedagogos, retornado, por um momento, ao estado de natureza.") Mal sabia ele que não tinha visto nada. Nossa opereta é bem pior. E a trincheira, hoje, entre o antigo e o novo regime é bem mais radical.

Existe vida após a cultura? Após as exposições? Os festivais? Os livros do mês? Os *best-sellers*? Os ensaios sobre os quais todo mundo fala?

Talvez, mas ela se esconde bem.

O silêncio está sendo caçado e expulso, como a incredulidade, como a ironia, como o jogo, como o prazer. Em cordicoliquês ninguém ri, ou não com frequência, ou então por razões que deveriam fazer chorar. A sociedade do lazer, dos empregados do terceiro setor, levados pela comunicação, não precisa de mais nenhum motivo para se contorcer.

Respeitamos coisas demais para fazer piadas maldosas com elas. O rito próprio do homem moderno, não o riso, de jeito nenhum. Dá para fazer boas piadas repletas de bons sentimentos? De que se poderia rir até doer a barriga no planeta compaixão? O que ainda pode ser ironizado no Império igualitário? O riso é autocrata por natureza, cruel, perfurante, devastador. "Não há homem que não queira ser déspota quando fica de pau duro." Sade. O riso bebe da mesma fonte. Quando tudo é mais ou menos sagrado, confeitado de ternura, quando todas as causas são pungentes, todas as tristezas são tocantes, todas as vidas respeitáveis, quando o Outro, o pobre, o estrangeiro são partes sensíveis de mim mesmo, quando nada mais é irreparável, mesmo a infelicidade, mesmo a morte, do que alguém poderia rachar o bico de rir?

Os comediantes agora são muito vigiados, eu é que não queria estar no lugar deles. Acabam de anunciar uma nova safra, toda uma nova fornada de pândegos, uma geração quase nova de brincalhões. Não perdem por esperar. Serão levados ao garrote e outros instrumentos de tortura. Cada derrapada será medida com uma régua milimétrica, suas alusões serão examinadas, fuçarão seus subentendidos, passarão a lupa em seus silêncios. Desejo-lhes felicidade. Os norte-americanos, sempre mais consequentes, sempre mais lógicos que nós, acabam de decretar, em algumas de suas universidades, que alguém pode ser expulso por ter cometido o crime de "rir de maneira inapropriada"... Na hora errada, não conforme, impertinente; não consensual, de algum modo, anticordícola, em resumo. Sem mais nem menos a própria definição do riso. Era mesmo

OS CONDENADOS DO ÉTER

preciso que isso chegasse. O riso "inapropriado". Mais uma notícia hilária, um traço impagável do humor da natureza cordicófila. Eu os deixo meditando sobre isso. Cercados, claro, por todas as claques, as risadas gravadas e engarrafadas dos programas de televisão.

No fundo, o riso é perigoso, assim como o silêncio. Sempre individual demais. Sempre escapa aos controladores. Uma zona vaga de liberdade que é sempre melhor vigiar de perto. Não podemos deixar para as pessoas a preocupação de se divertirem por si mesmas. É uma pena não podermos deixar-lhes o luxo de refletir... Nada suscitou de minhas pesquisas, no século XX, acerca das neurociências de "lavagem cerebral". Todas as polícias queriam e também os gurus das seitas. Mas com essa música generalizada, não há mais complicações, encontramos o sistema certo, a boa lavagem cerebral, a arma anti-individualidade que ninguém esperava. Sei que não devia dizer essas coisas, a música é bela, como o mar, como o sol, a poesia, a fraternidade, os animais em liberdade. É fresca, espontânea, é a vida mesma. Chega de críticas! De maledicência! É preciso aprender a amar tudo, se quisermos sobreviver um pouco, desde os decibéis esquadrinhadores de apartamentos até os *uiiiiii-uiiiiiu!* ensurdecedores das sirenes de alarmes acionados ao mesmo tempo em coro, sem esquecer as musiquinhas que usam para tentar te afogar no telefone quando querem te fazer esperar para te mandar a um outro serviço... chega de reticências! Nada de nostalgia! Viva o *Titanic* quotidiano!

Não acaba aí; novas torturas deliciosas irão nos prender. Mais torpedos estão vindo em nossa direção. "Os utensílios de comunicação móvel se multiplicam!" Alegria geral em Cordicópolis. "Novas proximidades mais precisas!", todos os escravos pulam de alegria! "Amanhã, qualquer um de nós poderá ser acessado, encontrado, onde

109

quer que esteja, a qualquer momento!" Veja nosso catálogo completo, o código obrigatório, o Eurosinal para todos os bolsos, o Fax, o
conjunto integral supervisor (microcomputador + impressora + mo-
dem + telecopiadora + HD), o rádio Icom IM 4, o telefone móvel!

E nisso eu lembro que as relações amorosas de Flaubert e Louise
Colet começaram a se deteriorar por causa do "progresso das co-
municações", como diziam, a abertura da linha Paris-Rouen, em
1843, que encurtou súbita e desastrosamente as distâncias! Eles
eram felizes e não sabiam!

Estar longe, onde quer que este longe seja, já não faz sentido.
Entreguem-se, vocês estão cercados! Não há mais desculpas para
não ser sociável, não há mais pretexto para desaparecer, nenhum
lugar, nada mais é isolado, desconhecido, além. É o fim da invisibi-
lidade. Chega de sutilezas exteriores. Você está dentro ou está morto. Presente! Escoteiros 2001! Ausentar-se será um feito, uma
operação delicada que deverá ser meditada ferozmente, longamen-
te. Serão criados campeonatos clandestinos de sumiço. Não aten-
der será da ordem dos esportes mais refinados, reservado a uma
elite, uma festa para os maus espíritos, uma infidelidade ao ritual,
um minicrime contra a espécie, uma exação prodigiosa. Uma daquelas coisas memoráveis que as gerações posteriores repetirão com
fervor. A busca por pessoas desaparecidas vai crescer. "Pelo interesse das famílias", que fique claro. Com claque de lágrimas, como
se usa a claque de sorrisos, na hora do reencontro.

Li recentemente em algum lugar um artigo de um imbecil morto de felicidade comemorando que, graças aos novos sistemas, não
apenas iria desaparecer a distinção entre vida profissional e vida
íntima, mas estava perto o fim das grandes concentrações urbanas.
Em efeito, desde sempre, tem sido o sonho de regimes enérgicos

destruir as cidades e espalhar os indivíduos para que sejam um pouco menos perigosos. Ninguém, porém, havia ainda pensado em matá-los deixando-os acessíveis uns aos outros a qualquer momento de suas vidas.

Daí podemos constatar que Hegel tinha razão quando descrevia a errância dos nômades como uma pura e simples aparência, porque o espaço onde evoluem (o deserto sempre uniforme) é, em suma, uma abstração. Foi necessário que o planeta do terceiro milênio começasse e ele mesmo parecesse um vasto teatro desértico, para que a "comunicação nômade" mostrasse seu semblante consolador.

Uma conclusão sobre a música? Vou pedir a Molière.

"Por que sempre pastores?", espanta-se o senhor Jourdain quando lhe começam a ser desvelados os mistérios da música. Excelente pergunta, à qual o "mestre de dança" responde com considerações cheias de subentendidos ecológicos.

"Como teremos pessoas falando por música, é preciso que, em nome da verossimilhança, isso seja feito pelos pastores. O canto sempre foi ligado aos pastores. Não é natural a ninguém que os príncipes ou os burgueses cantem suas paixões."

Da música, não deveria ser difícil, agora, de escorregar para a mística. Esse passeio no parque de diversões ficaria gravemente incompleto se não parássemos um pouco, no fim da caminhada, no setor dos Condenados do Éter, diante da gruta dos feitiços. A proliferação atual dos ocultismos mais variados não revela nenhum acaso. O Espetáculo precisa recriar um ambiente obscurantista que lhe será altamente conveniente após a debandada das religiões, alguma coisa como uma "estrutura" transcendente, um curativo espiritual de substituição sem o qual ele correria o grande perigo de fracassar.

É preciso dizer que, de minha parte, tenho vivido uma espécie de êxtase acordado desde que, tempos atrás, publiquei *O século XIX através das eras*, e que, agora, vejo meu livro continuar, ilustrar-se sozinho, em todas as suas dimensões, sem parar, e cada vez mais brilhantemente, conformar-se sem cessar, para além de minhas esperanças, engordar a cada dia de novos capítulos sem que eu tenha de me fatigar... o cretinismo oculto-orientalista *new age* tipo Era de Aquário vindo da Califórnia é apenas a última variante das inumeráveis formas do eterno espiritismo, o último mercado lucrativo do emburrecimento espiritualoide, com contêineres de isolamento acústico para seminários de relaxamento de onde saem transfigurados empregados do setor terciário que se espalham aos montes por toda a terra e vão anunciar a chegada do milênio, do amor e da luz.

Vemos, também, homens de negócios publicando suas reflexões comoventes sobre "os poderes psíquicos do homem". Uma grande companhia petrolífera louva os serviços de um célebre entortador de colheres na esperança de descobrir novos poços do material. A megalomania empresarial procurando apoio no paranormal, os fenômenos extrassensoriais, a numerologia (cuidado com o número do endereço de seu escritório, se for mal escolhido você pode ter sérios problemas financeiros), administradores se iniciando nas artes marciais, no sufismo, nos ritos dos Cavaleiros da Távola Redonda, na espeleologia mística, no xamanismo telepático, na psicocinese, no tarô cósmico, nos cultos neodionisíacos, na musicoterapia (a cura por meio dos sinos tibetanos); contrata-se a partir do grupo sanguíneo, do mapa astral ou do estudo morfopsicológico.

O que há de interessante hoje em dia é que o próprio *Business* foi invadido pela safadeza ocultista. O novo casal do século é o empreendedor e o charlatão. O tubarão das altas finanças e o faisão numerólogo. Philipulos, o profeta, e Rastapopoulos, o trapaceiro.

Como entendo quando os ocidentais se insurgem, do alto de sua laicidade, contra o obscurantismo dos outros! Como compreendo quando nos escandalizamos ao ouvir um aiatolá, ao ver um chador! Como é lógico quando nos alarmamos sobre o crescimento do integrismo islâmico ou do renascimento do irracional na Europa central e na URSS, enquanto aqui, na França, uma biografia de Edgar Allan Poe, por exemplo, pode aparecer, sem ninguém rindo pelas livrarias, acompanhada de um mapa astral ("capricórnio, ascendente escorpião, Saturno, Urano e Netuno, tríplice influência"). No meio dessa merda contemporânea já é quase impossível distinguir os verdadeiros crentes (integristas, fundamentalistas e outros) da pretensa "sociedade laica".

Assim como as terras antes cultivadas não voltam a gerar com seu vigor original, mas cobrem-se de ervas daninhas e tornam-se selvagens, igualmente o universo despido das velhas religiões reinventa ao seu gosto suas "espiritualidades" de segunda mão, suas devoções ubuescas para sentirem segurança, e é simplesmente proibido rir disso tudo. O tele-evangelismo não é mais uma parte limitada da realidade, como pensávamos quando fazíamos piada dos tele-evangelistas norte-americanos; eles apontaram o caminho para o mundo inteiro.

"Creiam, nós faremos o resto." O neo-obscurantismo que se instala hoje graças às mídias é uma maravilhosa técnica de governo. Na verdade, não existe nenhum "retorno da religião", como pretendem os senhores do Show ou seus escravos, nenhuma "reaparição do sagrado", nenhuma "reespiritualização", nenhuma "renovação carismática". O que se está fazendo é a encenação de resíduos religiosos sob as formas mais delirantes possíveis, pelo Espetáculo e para o lucro desse mesmo Espetáculo; com o objetivo de entreter ou de reativar o núcleo duro do irracional, sem o qual

O IMPÉRIO DO BEM

nenhuma comunidade, nenhum coletivismo, nenhuma solidariedade consegue se sustentar por muito tempo.

O espetáculo precisa do Oculto e o Oculto precisa do espetáculo. A Cordicocracia retira daí a nutrição de transcendência indispensável para afirmar sua própria perfeição. Daí a multiplicação das palhaçadas televisivas: exibição de "missas negras" no palco, rituais vodu de quinta, satanismo vegano de meia tigela, debates sobre extraterrestres, entrevistas com "mestres espirituais" grotescos e falastrões... qualquer coisa que poderia, se preferirem, lembrar Roma no começo do fim. Naumaquias todos os dias! Em três, em quatro, em cinco dimensões! Seis! Dez! Pão, circo e sagrado! Vinte e quatro horas por dia, sete dias por semana!

"A antiga religião romana", escreveu Jérôme Carcopino, "poderia ainda emprestar o santo pretexto de suas tradições para a esplêndida decadência dos espetáculos da época imperial. Ninguém prestava atenção e se respeitava, por assim dizer, sem se dar conta. As novas crenças a haviam relegado ao segundo plano, senão totalmente a apagado. Se havia uma fé vibrante que fazia bater o coração dos espectadores, era a astrologia, graças à qual contemplavam com excitação: na arena, a imagem da terra; na fossa de Euripe, que a delimitava, o símbolo dos mares; no obelisco do terraço central, ou *spina*, o emblema do sol brilhante no alto dos céus; nas doze portas ou *carceres*, as constelações do zodíaco; nas sete voltas da pista que compunham cada uma das rotas, a errância dos sete planetas e a sucessão dos sete dias da semana; no próprio circo, uma projeção do universo e uma miniatura de seu destino".

Mas é uma honra imerecida comparar o império cordícola e suas palhaçadas rastaqueras pseudorreligiosas à Roma antiga, mesmo decadente. Ao contrário do que dizia o pobre Sartre, não é Deus que não é um artista, é o espetáculo.

OS CONDENADOS DO ÉTER

Como não existe para ele nenhum Deus senão a si mesmo e como o poder de uma religião, qualquer que seja, pode ser julgado pela energia daqueles que se lançam contra ela, a existência dos ateus, dos blasfemadores, dos infiéis e incrédulos para estigmatizar lhe seria altamente necessária.

Os inimigos do culto espetacular, ai!, são em geral quase tão ridículos quanto o próprio Espetáculo. De vez em quando se organizam pesquisas sobre eles. São feitas transmissões sobre um povoado bizarro, ultraminoritário e histérico: os que não têm antena de televisão em casa. São chamados de telefóbicos, porque é importante fazer crer que não se trata de simples indiferentes, de agnósticos comuns, separados; sua prática não televisiva só pode ser uma neurose, uma doença perniciosa, o resultado de uma estranha fobia. Perguntam como eles fazem para viver sem imagens em domicílio. Eles respondem que está tudo bem, obrigado, que saem, que visitam os amigos etc. Mas dizem isso com uma naturalidade que prova o quanto eles mesmos estão convencidos da anomalia de sua posição, persuadidos que não poderão mantê-la eternamente.

Desse modo, nosso mundo se interroga sobre seus abstêmios da maneira como a razão instituída, satisfeita e ao mesmo tempo inquieta de si mesma. Para se garantir em sua legitimidade, se volta para o mistério da loucura.

Poderíamos todos viver facilmente sem o Espetáculo e seria insuportável se tal segredo que todos já sabem, tal segredo de polichinelo, fosse conhecido por todos. É preciso, então, transformá-lo em um evento para que ele não faça maiores estragos, para anulá-lo.

A maior lorota de tal universo é nos fazer acreditar que ele existe.

XII

O crepúsculo do Império

A NOITE CAI EM CORDICÓPOLIS, uma visão inesquecível. Da minha janela, terminando este livro, tenho sob os olhos suas grandes instalações iluminadas, suas antenas parabólicas contra o céu. Longe, virada para mim, a montanha-russa, o grande *loop*, o trem do terror, todas as ilhas mágicas açucaradas... Ah! Não se deve pensar que é fácil escrever sobre os cordicocratas à sombra dos cordicocratas, entre seus muros, sob seu olhar... andando com a garganta apertada pensando em seu folclore e com as mãos ficando levemente úmidas, esses quilômetros do melhor dos mundos deixam qualquer um de cabelo em pé. Órgão por órgão, seu corpo protesta contra o assalto dos bons apóstolos que querem te salvar nem que seja por cima do seu cadáver. Você não tem chance! Nenhuma! Todas as saídas estão bloqueadas, eles fecharam a aldeia global e seus zumbis higienistas patrulham tudo.

Não será amanhã que este novo mundo tremerá. O papel de vidro de alguma polêmica não fará o mínimo arranhão na hipocrisia cordícola. Termino ali, nas sombras enquanto as luzes deles se esvanecem... Não faço nenhum barulho, estou bem escondido... Ontem, anteontem, meus dedos dançaram furiosamente sobre as teclas negras metálicas de uma máquina de escrever. Em outra época, minha pena teria riscado a página, meu lápis a teria arranhado. E hoje, o quê? Nada. Quase nada mais. Abram os ouvidos... Com as novas técnicas suaves, o ato de escrever ficará mais silencioso do que nunca, consensual como o resto, invisível, bajulador, empalhado, convivial...

Como ficar com raiva diante de uma tela? Enlouquecer um sistema eletrônico? Irritar um tratamento de texto?

Fazer bufar de raiva essa grande máquina tão terna que tudo apaga. O desrespeito é muito tentador. Toda essa sagrada união que faz açúcar, toda essa conspiração dos suaves, titila em nós alguma coisa, traz de volta certas vontades... por que esse mundo de fantoches deveria ser respeitado? De onde vem sua carta de nobreza? Seus certificados? Sua legitimidade? Uma sociedade inabitável que batiza lugares como "residenciais integrados". São os piores. Uma sociedade na qual o passado só é apresentado para melhor nos incitar a vermos o quanto somos sortudos de não estarmos lá; na qual a memória está tão apagada que sonhamos reencontrá-la na água; na qual a velhice é chamada de "melhor idade", os extermínios, "guerras limpas" e os solitários, "aventureiros da vida a um"; na qual todas as taras se tornam qualidades da mesma maneira que qualquer depósito se torna galeria de arte, qualquer fábrica velha, apartamentos, as piscinas, livrarias-salões de chá com decorações em madeira falsa; na qual os zoológicos têm tanta vergonha de si mesmos que se chamam de "conservatórios de genes" na esperança de não serem vistos como campos de concentração; não, uma sociedade assim não pode deixar de ser ridicularizada. Ela oferece exemplos demais.

A ordem burguesa conseguiu, neste meio-tempo e para seu mérito, suportar durante dois séculos os ataques de uma crítica furibunda como jamais se havia visto. O universo contemporâneo, porém, não tem a mesma fibra. Ele nos força a ser cúmplices do crime do Bem. Um Bem incurável, um Bem que espalha o Terror, Bem que os céus em seu furor inventaram para punir os crimes da terra... ele se arroga o direito de arrotar uma santidade ilimitada.

Só restava uma coisa, talvez, ainda um pouco aristocrática: a literatura. Não estou ainda pronto para vê-la assim climatizada, nivelada até a morte. Equalizada. Antiquarizada. Escrava da "comunicação", submissa, como todo o resto, aos adornos cordícolas fúteis. Sem nicotina. Alinhada. Sem alcatrão. Colaboracionista. Lutando pela regeneração da espécie humana com exercícios esportivos; a proibição de produtos prejudiciais à saúde e a restauração dos grandes mitos coletivos.

As vanguardas da primeira metade do século talvez não deixem uma lembrança exatamente luminosa, mas é sufocante ver o tipo de pigmeus, de androides analfabetos da virtude idiotizante que campeiam hoje pelas terras conquistadas como os vagabundos de *Viridiana*.[*]

Cordicópolis recebeu os escritores que merecia: autores de síntese, romancistas de substituição, videólogos industriais, poetas de terceira, puros produtos de manipulações genético-editoriais destinados a corresponder aos novos padrões impostos pelo Programa, e que nunca chegariam a poder ver a luz do dia se esse mesmo

---

[*] Filme espanhol de 1961, dirigido por Luis Buñuel. (N. do T.)

Programa não existisse. Melhor adaptados que aqueles de outros tempos aos meios espetaculares, eles devem lutar no mundo do Espetáculo com as armas do Espetáculo, e o tempo de sua existência está indexado ao de seus serviços.

A literatura se encontra em um estado tal, nas telas de Cordicópolis, que se pode profetizar para bem rápido o apagamento de suas últimas veleidades. Ela praticamente não existe mais; eis a verdade brutal. Às vezes temos uma memória dela, como uma palavra que nos retorna à lembrança, como uma paisagem, uma sensação. E acabou. É o fim. O romance não é mais uma arte maior, nem mesmo uma distração menor, é um exercício esquecido. Os que ainda sabem escrever fazem somente arqueologia.

A maior parte dos livros entram alegremente no regime de baixas calorias. Seus autores não irão, certamente, começar a ironizar tudo aquilo de que suas vidas dependem. Eles sabem que não têm nem mesmo a solução de serem a má consciência dos criminosos. Eles não vão organizar aos organizadores do sabá como tudo se degenera em sabá; nem isso, mas em novelinha; em *sitcom*, depois em novelinha. Novelinha de mau gosto, clichê! Eles não vão dar uma de advogados do diabo, não irão desdublar os esquetes dos eventos, abrir as cortinas atrás das cortinas, tentar inventar ficções superiores às mentiras dominantes. Eles são impressionáveis demais. Não vai ser amanhã de manhã que acordarão com coragem de atacar os cordicocratas e a baixeza de suas obras. Sobretudo nada de afrescos realistas! Assuntos exóticos, sempre, montagem de época, faraós, Idade Média, Louisiana, Paris na ocupação. Uma sociedade tão ideal quanto a nossa, tão realizada, ensolarada, não suportaria a menor descrição crítica. Vai demorar muito tempo para que tenhamos um outro Balzac refazendo as *Ilusões Perdidas*, desvelando o microcosmo e suas intrigas, trazendo os subterrâneos do mundo.

O CREPÚSCULO DO IMPÉRIO

E ainda por cima existe a opinião. A imensa máquina obesa, mongoloide, da teleopinião para se afrontar. Uma liga insana feita de magma. O maior encontro jamais visto de perseguidores polivalentes, mecânicos de todos os defeitos, observadores de todas as pesquisas, vigias e justiceiros de todas as blasfêmias, sondadores de todas as intenções, registradores de palavras atravessadas contra o respeito da família, a devoção da pátria, a adoração de Deus e das crianças, a solidariedade. Custe o que custar, é melhor fazer censura prévia do que ter as histórias na rédea curta.

Quanto aos "apresentadores de programas culturais", esses são os médicos sem fronteiras da grande miséria da escrita. Mas não devemos esperar que os escritores tenham um dia a sabedoria desses povos miseráveis da Ásia, África ou América Latina, que, depois de anos de ajuda, assolados, despossuídos, idiotizados, humilhados, mais esfomeados agora do que antes, expulsos "para o seu próprio Bem" de seus lugares tradicionais invadidos por usinas hidrelétricas ou transformados em cultura de exportação com arame farpado, que não querem mais ser ajudados, nunca mais, suplicam que nós os deixemos em paz, que não nos metamos mais na vida deles, que deixemos de assisti-los.

Escritores demandam o contrário. Mais disciplinados, mais arrumadinhos, é difícil acreditar. Se aqueles do passado desfilassem, se revíssemos Shakespeare, Diderot, Virgílio, Pascal sobre a terra, seria um cortejo assim? O mesmo museu de anomalias, a mesma procissão de retardados que nem mesmo temos vontade de ajudar?

Imaginem o Marquês de Sade, para pegar somente um exemplo extremo de gênio, Sade em nossos anos xaropentos de retorno à ternura. Sade retornando em nosso fim de século, em plena reconciliação das famílias... Conseguem imaginá-lo apresentando aos

O IMPÉRIO DO BEM

telespectadores os seus *120 dias de Sodoma*? Seria tratado com vivissecção! Todos os padrões seriam explodidos. Duzentos anos depois, o mesmo circo.

Seria por meio de pesquisas peremptórias que ele seria executado ao vivo, que mostraríamos seus erros, que o envergonharíamos de seus escritos. O um destruído pelo múltiplo! Pesquisas de opinião contra Sodoma! Para se ter, de fato, nos últimos anos, o que foi necessário recriar, depois dos desgastes na suposta liberação dos costumes, uma comunidade viável, logo não sexual, enfim o menos sexual possível. A conspiração pesquisocrática faz calar tudo. Um a cada três franceses adora o sexo na televisão, "mas de preferência educativo, voltado para a solução de problemas sexuais, mais do que à pornografia". Santinhos! Menininhos de coral! Oitenta e quatro por cento, sim, você leu bem, 84% preferem, sem hesitação, viver "com alguém pouco sedutor, mas fiel, em vez de com alguém muito sedutor, mas talvez infiel"... À força das pesquisas de opinião, o que foi restaurado foi o orgulho dos que não transam, a alta dignidade dos inaptos, o direito dos não gozantes a não gozar. Eles não se deixarão mais gozar.

Eu adoraria ver, hoje, o marquês de Sade diante desses números eloquentes. O senhor pensa que está onde, Marquês? Nos anos 1960, 1970? Ah, mas não me diga, então, que ninguém transa mais! Acabou, é *démodé*! Além do mais, é perigoso! Retorno da família! Da fidelidade!... Me pergunto sobre a Igreja, a Monarquia, todos esses inimigos cômodos do passado que tinham o bom gosto, ao menos, de meter os pés pelas mãos cada vez que o perseguiam. Trinta anos de prisão, mas a vitória! E Cordicópolis se deixa cobrir do ridículo, da grande voz do Nada coletivo! O transmissor absoluto só autoriza a esperança de uma revanche póstuma.

Mas minha suposição não se sustenta, não chegará jamais aos palcos, será neutralizada bem antes. Há muitos filtros cordícolas, muitas barreiras eufemistas! Postos da receita edulcorante! Uma entrevista profilática, por exemplo, com seu assessor de imprensa durante a qual ele tenha de justificar as distrações dos habitantes de Silling, poderia começar a esfriá-lo. O minitribunal dos representantes, diante do qual ele teria de "defender seu ponto de vista", lhe abriria alguns horizontes. E você o veria na coletiva de imprensa? Escolhendo uma ilustração para a sobrecapa, externa, destacável (a sobrecapa de *Cento e vinte dias*!), discutindo com o departamento comercial? Escrevendo a "quarta capa" (a "quarta capa" de *Cento e vinte dias*!)? Nossa sociedade midiática não é, como pensamos, "a forma moderna e acabada da diversão", é a última figura da censura prévia.

Em Cordicópolis, a literatura só é tolerada como espécie em extinção. Os animadores culturais a quem damos prêmios por sua "ação em favor do livro" são as madres Teresas da grande Calcutá do livro impresso. Quase nada mais pode chegar ao público que não seja meloso, poético, miserabilista, sofredor. Somente as chagas em carne viva ainda triunfam. É preciso ao menos ser agonizante, ter sido soterrado por bombas, ter passado dez anos em uma prisão na Malásia, para ter a chance de ser percebido.

Os *best-sellers* escorrem de gentileza, história de buscadores de ouro, rapazes e moças que trazem "sobre o mundo apodrecido dos adultos um olhar limpo de toda complacência". O exotismo, as aventuras distantes, a história romanceada, as confissões reescritas, eis algumas das opções na estante. Existe mais de uma banca de caridade na grande feira filantrópica. O que domina é a estética sentimentalista, criancinhas de rua. Em cajun, em pidgin, em esperanto, o que seja, mas tocante, terno, meloso. Comovente, sobretudo. Como antes o partido, hoje a paixão tem sempre razão, ela obtém todos os prêmios da virtude.

E essa onda de biografias que não acaba mais! Cada vez mais e mais aprofundadas, refinadas, mais e mais detalhadas nas almas. Sobre os grandes, os não tão grandes, os pequenos, os quase esquecidos, os semiesquecidos, os desenterrados. Preferidas, claro, aquelas mais apelativas, mais romanceadas. A convicção enraizada de que todo mundo equivale a todo mundo, de que todo mundo sempre se pareceu, conduz um zé-ninguém a colocar sua própria psicologia em gênios elevadíssimos. Sob o pretexto de "humanizá-los", entram-se nos personagens, o sujeito se instala na pele de Shakespeare, diz "eu", no lugar de Cézanne, pensa com a cabeça de Cervantes, mexe a ponta dos dedos como se tivesse ali o pincel de Modigliani ou o cinzel de Michelangelo.

"Eu admiro", diz o cardeal de Retz, "a insolência dessa ralé, em todos os níveis, que acredita penetrar nos rincões secretos do coração daqueles que tomaram as rédeas de suas vidas e não deixaram passar nenhum evento sem que tenham desejado desenvolver-lhes a origem e o desenrolar".

Com certeza, essas obras no padrão da União Europeia, esses romances de baixa caloria, todos esses livros compostos segundo as técnicas mais suaves, os métodos menos poluentes, estão para a Literatura mais ou menos como aquela voz de aviso de aeroporto está para a voz real de uma mulher na hora de gozar, ou como uma felação por mensagem minitel para uma verdadeira boca engolidora; mas quem ousaria revelar isso?

"É de tal modo nojento", escrevia o abade de Aubinac sobre certos romancistas empolados, por volta de 1660, "como é tão pouco conveniente a conduta de nossa vida a ponto de sentirmos vontade de ver a pintura de um homem ruim".

O CREPÚSCULO DO IMPÉRIO

Simpática e inapreciável repugnância que não corremos mais o risco de encontrar em Cordicópolis.

Em nosso país das maravilhas, o Bem não apenas cobriu o mal, ele chegou mesmo a proibir que ele seja escrito, escutado ou visto. Orwell errou por pouco. Somente as cores dramáticas de sua profecia erraram o alvo. O filme catástrofe do futuro seria rosa pastel, eis o que ele não viu. Sua novilíngua, porém, a qual torna "literalmente impossível o crime de pensamento, porque não haverá mais palavras que o exprimam", está sendo imposta neste momento.

Em Cordicópolis, aquilo que parece vivo está morto e aquilo que é vivo é recalcado.

Já faz tempo que adoro Giacometti, ainda mais, porém, desde que o surpreendi, num dia de 1924, rabiscando em um caderninho essa litania escandalosa de pensamentos não alinháveis:

"Sei que simpatizo com a igreja e com o despotismo religioso; estou certo ou errado? Acho que estou certo, mas não estou convicto. Tenho antipatia pela filosofia, pela liberdade de pensamento, liberdade de ação, liberdade de escrever livros, fazer quadros e exprimir ideias pessoais. Odeio a liberdade de crença ou de não crença e a República. Odeio a emancipação do individualismo e a das mulheres. Não consigo mais escutar o blá-blá-blá que se faz, que todos fazem, sobre arte, sobre história, sobre filosofia, nas quais cada um crê que pode exprimir a miserável ideia que gerou na cabeça. Por que a igreja não tortura mais, não queima mais, não mata mais todo mundo que ousa pensar aquilo que quiser?"

Quantos processos nessas linhas?

Entretanto, eis, sem dúvidas, uma das origens mentais clandestinas dessas estátuas despoticamente reduzidas. Cabeças achatadas ou alongadas, corpos milagrosamente salvos de um carrasco mais poderoso, mais furioso, mil vezes mais odioso que aqueles do passado...

Mas a noite caiu, o passeio no parque acabou, meu livro também, fizemos uma bela viagem.

No horizonte ao além, lá longe, as instalações iluminadas com suas grandes montanhas-russas, rodas-gigantes, trens do terror e ilhas mágicas ocupam o espaço e as trevas...

Acima de tudo isso, lá no alto, queimando por sobre o escuro absoluto, rosa bombom, palpitando visível no mundo inteiro, há um enorme coração em resina sintética; é emblema da nova era do Amor...

O que vocês acham? O panfleto, em Cordicópolis, teria se tornado um gênero impossível? E se fosse o exato contrário? Se todo grande livro, de agora em diante, toda história de costumes bem-feita, todo romance um pouco enérgico devesse, mais e mais virar, fatalmente, ainda que não queira, o mais veemente panfleto...?

Porque o futuro dessa sociedade é de só poder gerar opositores ou mudos.